PHILOSOPHY BITES BACK

一口哲學

奈傑爾・沃伯頓 NIGEL WARBURTON & 大衛・愛德蒙茲 DAVID EDMONDS——著 吳妍儀——譯

獻給沙爾、約書亞與漢娜

目錄

前言

誰是史上最重要的哲學家？哲學家不時會被問到這個傻氣卻很有趣的民意調查題目。有幾個名字照慣例會冒出來；沒有一次點名能夠排除柏拉圖、亞里斯多德、笛卡兒、休謨、康德或馬克思。不過哲學正典並非固定不變：這是個爭論中的名單，容易引起論辯，偶爾還有激烈的異議。在一九九二年，劍橋大學就有過一次激烈的抗議，那時大學當局提議頒給法國思想家德希達榮譽博士學位。

接下來的訪問無意涵蓋所有正典。有些知名哲學家你在這本書裡不會讀到，同時還有一些哲學家，通常不會包含在任何核心課程裡。這份名單比較像是知性的品酒試吃菜單[1]，我們希望是有哲學營養的小份量佳餚清單。參與貢獻者提供了一些建議的進階閱讀書單，會放在本書結尾。

哲學現在有超過兩千五百年的種種觀念，可以從中汲取靈感。每個世代都在重讀、重新詮釋過去的重要人物。我們很幸運，能夠跟某些當今重要的理論闡述者，談論某些昔年最重要的

1 Tasting menu 是高檔餐廳裡集合所有主廚拿手菜色的菜單，通常除了食物以外會詢問顧客要不要加上酒，每杯酒都是跟菜單搭配的。

思想家。

「哲學會咬人」（www.philosophybites.com）的訪談是以口語形式開始的，這是一個很受歡迎的播客，在本書付梓時已經有超過一千五百萬下載次數。在「哲學會咬人」開播時，懷疑論者聲稱，在他們看來屬於圈內人話題的材料，引起大眾興趣的機會微乎其微。不過有來自世界各地的人專注聆聽，想聽聽柏拉圖對愛情的觀點、康德的先驗綜合命題，或者沙特的存在主義。

我們極度感激這些年來訪問過的哲學家：現在，我們有幸與某些非常聰明又有趣的人，共創的數百小時免費家教材料。我們尤其感謝那些出現在本書中，以及允許訪談內容被用在書面形式上的哲學家。所有訪談都已經過改編，讓內容盡可能在書面形式上有良好效果。我們也想感謝我們兩位的妻子安娜（Anna）與麗茲（Liz），我們的經紀人卡洛琳．多內（Caroline Dawnay）與維洛妮克．巴克斯特（Veronique Baxter），還有兩所研究所：倫敦大學的哲學研究所，還有牛津大學的上廣實用倫理學中心（Uehiro Centre for Practical Ethics）。哲學研究所在經費上協助我們，並且提供一個位於中倫敦的房間讓我們做了許多次訪談。巴瑞．史密斯（Barry Smith）與沙拉爾．阿里（Shahrar Ali）持續鼓勵我們，提供受訪者情報，並且偶爾還有幾杯格外精緻的葡萄酒。我們也在牛津的上廣實用倫理學中心做過幾次訪問，很感激該中心精力充沛的主任朱利安．薩烏萊斯（Julian Savulescu），還有該中心的行政主管，米莉安．伍德（Miriam Wood）與黛博拉．席罕（Deborah Sheehan）。

最後，多謝我們固定（而且無償）的校對者，漢娜・愛德蒙茲（Hannah Edmonds）以及牛津大學出版社的校對員賈維耶・卡爾哈特（Javier Kalhat），還有我們在牛津大學出版社的編輯彼得・蒙特奇洛夫（Peter Momtchiloff），他策劃本書還有我們更早的「哲學會咬人」系列書籍，以及編輯艾莉諾・柯林斯（Eleanor Collins），她負責此書的製作過程。

我們要把這本書獻給我們的孩子：沙爾（Saul）、約書亞（Joshua）與漢娜（Hannah）。

大衛・愛德蒙茲（David Edmonds）

奈傑爾・沃伯頓（Nigel Warburton）

二〇一二年四月　www.philosophybites.com

當代哲學家心中最愛的哲學家

在過去幾年裡，我們遇到的哲學家，都在沒有預警的狀況下被問過這個簡單的問題：他們最喜歡的哲學家是誰？為什麼？十八世紀的蘇格蘭人大衛・休謨脫穎而出，榮登第一。這不算太讓人意外，雖然他的領先程度很令人意外：在我們的樣本中，超過百分之二十的哲學家選擇了他。其他總是被引為正典的主要哲學家，柏拉圖、亞里斯多德、笛卡兒、康德、彌爾、尼采、維根斯坦，全都有不錯的占比，不過遠遠落後休謨。

莎拉・貝克威爾　我必須選兩個：蒙田，他帶著哲學省思來寫關於自己生平的散文，因為他是一個非常平常的人類；還有尼采，因為他也從完全讓人預料不到的角度來切入哲學。就像蒙田，尼采總是在他寫到的每件事情裡，尋找藏在底下、出乎意料的角度。

海倫・畢比（Helen Beebee）　我最喜歡的哲學家是大衛・休謨。他的作品，特別是《人性論》（*A Treatise of Human Nature*），是一種了不起的知性成就，而且不可思議地超前他們的時代。他問了別人沒想到的問題。在宗教與因果關係方面，他挑戰正統。我相信某些休謨相信的事，不過這是旁枝末節。我想有很多哲學家都認為休謨是他們最愛的哲學家，即便並不真正同意他說的話。

尼克．波斯壯（Nick Bostrom） 這難倒我了。我不確定我有一個最愛的哲學家。當代哲學，至少以我做哲學的方式來說，比較像是科學，相像之處在於許多人做出了重大貢獻，而與其說你是追隨一位偉大個體的腳步，還不如說你是利用了許多人長期工作留下的遺產。

路克．波文斯（Luc Bovens） 我非常享受閱讀亞里斯多德。在你讀亞里斯多德的時候，每個字母、每個詞彙感覺上都很重要。你有那種他正在羊皮紙上寫作的感覺。每次讀亞里斯多德，我都看到新的東西。在倫敦政經學院，我們感興趣的是跟各種科學有連續性的哲學（這可能是一種有爭議性的主張），而當你在讀亞里斯多德的時候，有時看到的是一個正在工作的經濟學家原型。你看到用在哲學中的論證風格，與用在科學中的論證風格之間的連續性。而在哲學與科學深處，其實是沒有差別的：我在亞里斯多德之中發現的極妙之處，就在於此。

巴斯卡．卜律克內（Pascal Bruckner） 嗯，就像我這一代的每個人，我年輕時的最愛是沙特。我不再有一位最愛的哲學家了，不過我有一大串喜愛的哲學家，從洛克、彌爾、艾曼紐爾．

列維納斯、卡爾・雅斯培到漢娜・鄂蘭在內。很難只挑一個，然後把他或她視為宗師。

諾埃爾・卡羅爾（Noël Carroll）　我猜我最喜歡的哲學家是亞里斯多德。或許跟個人歷史有關的理由，在於我被訓練成一個天主教徒，而湯瑪斯學派[2]從早年就已經透過聖經講習滲入我骨子裡了。但我既欣賞他的自然主義方法，也欣賞他在人類事務上的目的論方法。

大衛・查爾默斯（David Chalmers）　最近我深受魯道夫・卡納普（Rudolf Carnap）的作品吸引，他是在一九二〇、三〇與四〇年代做研究的邏輯經驗論者：他的巨作是《世界的邏輯結構》（*The Logical Structure of the World*），而現在我正試著進行一項計畫：概括卡納普的某些觀念，然後以某種方式設法弄清楚現實描述的基礎結構，還有我們怎麼樣從那裡再往前進。他對我來說是一種激勵。

克蕾爾・錢伯斯（Clare Chambers）　嗯，凱瑟琳・麥金農（Catherine MacKinnon）的作品讓我非常佩服，她是一位政治哲學家，也是一位活躍的法律學者與實踐者。她的作品在理論

2 從天主教聖人聖湯瑪斯・阿奎那（阿奎那並非姓氏，指的是他出身於阿奎諾）的著作中發展出的哲學學派，而聖湯瑪斯的學說有很多建立在對亞里斯多德的研究之上。

上與實作上都極端重要。

帕特．邱奇蘭（**Pat Churchland**）　我最最真摯的心頭好是大衛．休謨：就像賽門．布拉克本（Simon Blackburn）對他的稱呼，他是聖大衛。而那是因為他首先是個極盡全力追根究柢的人。他完全不受時代風尚與當時流行的做事方法動搖；他以最聰明的方式，集中火力在最困難的問題上，而他了解得多麼正確啊。

提姆．克瑞恩（**Tim Crane**）　笛卡兒。這不是因為我認為他說得對，而是因為他對事物的洞察眼光清晰得不可思議。他對於世界有個充滿野心的概念，他想把一切都安插進去——而他用一種非常、非常簡單又清楚的方式做到了。我喜歡這樣。

艾倫．狄波頓（**Alain de Botton**）　我最喜歡的哲學家可能是尼采，因為他的思想有個迷人的形上學架構，同時寫作風格優美，有種幽默感，還是個真正有創造性的藝術家。

麥可．鄧密特（**Michael Dummett**）　戈洛布．弗雷格（Gottlob Frege），因為他是第一個為語句結構做出清楚分析，並藉此澄清其中思想的哲學家。

隆納德・德沃金（Ronald Dworkin）　嗯，康德的作品非常吸引我：在我看來，這似乎是詮釋與再詮釋的無盡泉源。曾經給我極大愉悅的其中一本書，就是放在那邊的那本，叫做《康德與德沃金》（*Kant et Dworkin*）。而一個讓愉悅程度更高的事實是，我讀不了那本書：那是用法文寫的。

瑟西爾・法布赫（Cécile Fabre）　喔我的天。我可以選兩個嗎？對。嗯，我最愛的英語系哲學家是霍布斯。他的寫作極端優美，而且說服力十足，雖然他的結論「我們應該有個君主專制」是完全違反直覺的。我最愛的法語哲學家是盧梭，又是因為他的寫作非常優美，非常簡潔。他有同樣違反直覺的觀點，但不知怎麼的寫到這些觀點時這麼有說服力，讓我一而再、再而三被拉回他的作品去。

基特・范恩（Kit Fine）　我最愛的哲學家是亞里斯多德。他是史上數一數二的偉大天才，他對於範圍極廣的許多問題寫下深刻的見解。

辛西亞・弗瑞蘭（Cynthia Freeland）　亞里斯多德。這可能會讓人驚訝，因為我是個女性主義者，也公認如此，而他說了那麼多厭女言論。但我想亞里斯多德是個以生物學為基礎，試圖應對真實世界的哲學家，而我景仰他對生物的尊重，也仰慕他對倫理學的立足點：德性倫理學。所以我覺得他非常有吸引力。

雷蒙・顧思（Raymond Geuss） 我最愛的哲學家是修昔底德（Thucydides）。他之所以是我最喜歡的哲學家，是因為沒有別人認為他是個哲學家，但我認為他是。

強納森・葛洛佛（Jonathan Glover） 蘇格拉底。不是因為我接受他的許多意見，而是因為他發明了這一切。就像哲學界裡的每一個人，我仍然照著蘇格拉底發明的方法教學。你問別人：「你對這件事怎麼想，你的意見是什麼？」然後你強力要求最大程度的清晰明確：「你的意思是這個，或者那個？」在你把那個意見弄得清清楚楚以後，就是反例：「喔，那是你的觀點對吧，但如果把那個原則應用在這個例子裡，你真的不能這樣想嗎？」而這就是哲學方法：這是個美妙的方法。那是蘇格拉底的第一個貢獻。他的第二個貢獻是，他沒有把自己關在某個學院裡，而是在市集裡跟人談話。如果他有機會，他會上「哲學會咬人」這個節目。在我看來，太多哲學家把哲學當成一種圈內人專屬的技術性玩意，不是給大眾的東西。這是很巨大的損失。

艾莉森．高普尼克（Alison Gopnik）　我最喜歡的哲學家是大衛．休謨。有一部分原因是，他是少數你會認為人非常非常好的哲學家。不過也因為他被公認不只是哲學之父，也是心理學之父，他非常深入思考哲學問題，還有經驗性、心理性的問題。還因為他能體認到感情、情緒與日常生活，在抽象邏輯論證中扮演的角色。

約翰．霍頓（John Horton）　我可能最喜歡的哲學家根本不是個政治哲學家。這個人是維根斯坦，他就是我讀過最偉大的哲學家：因為他對哲學作為一種活動的驚人再思考。

亞倫．霍瓦斯（Alan Howarth）　嗯，我最喜歡的哲學家會是維根斯坦、彌爾跟馬克思之間的交會：維根斯坦，是為了他小心翼翼的分析式哲學方法，還有他對於語言細微之處的敏感；彌爾，是為了他的自由原則；馬克思，則是為了他的社會主義理想與他的整體反叛性。

法蘭克．傑克森（Frank Jackson）　這是個困難的問題。我其實有三個最愛的哲學家：傑克．斯馬特（Jack Smart），大衛．阿姆斯壯（David Armstrong）與大衛．路易斯（David Lewis）。我在墨爾本當學生的時候，阿姆斯壯教過我，他講課精彩，雖然我對於他所說的內容大半不相信。我在阿德雷大學當過斯馬特一年的同事。後來我遇到了路易斯，他在我眼中是非常特別的，在其他許多人眼裡也一樣：是那種每個五十或一百年才出現一個的哲學家。如果你逼我非選一個，我會把大衛·路易斯放在那張名單頂端。

尚恩·凱利（Sean Kelly） 我得說是亞里斯多德，不過我不是用傳統方式來讀亞里斯多德。我對亞里斯多德感興趣的其中一件事情是，他有個稱為 *phronimos* 的概念。*Phronimos* 的意思類似過實際生活的大師。而我對於亞里斯多德那種概念感興趣的地方，在於他認為 *phronimos* 陶冶了自己心中那種不必刻意研究思索，就立刻認出他在某種情境下該做什麼的能力——而那在我看來是一種非常重要的技巧。

約書亞·諾比（Joshua Knobe） 我總是很仰慕尼采。也許是因為尼采是第一個讓我對哲學問題感興趣的人。我從尼采那裡得到的是：我們不該只對了解人對於某些類型的問題一般來說有何想法，我們應該設法看得更深，而且用某種方式設法質疑我們擁有的這些一般觀點——而且也許違反我們一般來說思考這些問題的方式。

強德朗·庫卡瑟斯 我最喜歡的哲學家是大衛·休謨。這有一部分是因為我的過去，多年前我還是碩士班學生時，他是我開始系統性研究的第一個哲學家。我發現自己深受他常識性又充滿人性的態度吸引。而我發現他的政治學，還有他對道德的理解也吸引著我——該怎麼說呢？他不太像德國人那樣禁欲，那對我來說太過了。

妮可拉．蕾西（Nicola Lacey） 我不是個哲學家。我寫了一位哲學家，H．哈特（H. L. A. Hart）的傳記，而他引起我極大的興趣，還有仰慕。但如果你問我一個稍微有點不同的問題：「如果妳是哲學家，妳會想浸淫在哪個哲學家之中，變成此人的專家？」，那個人會是維根斯坦。把這一點放進我對刑法理論還有哈特所做的工作脈絡之中：這是因為我認為維根斯坦分析哲學觀念用的方式，更能夠滲透到一種歷史或社會科學方法之中，因為他的觀念是：概念是在種種生活方式中找到它們的形式與質地。那在我看來似乎更歡迎一種對刑法的制度性分析，那是我真正感興趣的東西。

梅麗莎．藍恩 我最喜歡的哲學家，從我的作品內容來看毫無意外，就是古希臘哲學家柏拉圖。這是因為從他的思想中，我們看到了所有哲學基礎問題的結合。所以我們明白，為了思考倫理學與政治學，為什麼我們必須思考心理學、知識論與形上學——這關乎思考所有這些彼此相連的問題。

布萊恩．萊特（Brian Leiter）　喔，佛瑞德。佛瑞德．尼采[3]。我叫他佛瑞德。嗯，因為他是個偉大的作家，而且我認為對於他有意見的大多數事情，他講對的比講錯的多。

提姆．魯文斯（Tim Lewens）　我要支持休謨：因為大多數事情他都說對了。

蓋．朗沃斯（Guy Longworth）　笛卡兒：因為他給我們一組有顯著重要性的哲學議題。

凱瑟琳．麥金農　喔，曾經跟我講過話的上一個女人，無論她是誰。

賽門．梅（Simon May）　我會說我最喜歡的哲學家是尼采。他是我的第二個愛，而不是我的初戀：有時候你的第二個愛比初戀還強烈得多。理由在於他有勇氣注視整個西方道德，並且毫不留情地加以批判。而我想那就是哲學的工作，而不是不著邊際地瞎搞，或者做太多概念上的切片。

3　尼采全名是 Friedrich Wilhelm Nietzsche。

傑夫·麥克馬漢（Jeff McMahan）　我最愛的哲學家是在牛津教書的德瑞克·帕菲特（Derek Parfit）。他的著作以一種真正史無前例的方式，結合了想像力、洞察力、嚴密性與清晰度。

修·梅洛　我最愛的哲學家是一位同屬劍橋的哲學家，他比我更加出眾又令人佩服，他叫做法蘭克·拉姆齊（Frank Ramsey）。他死於一九三〇年，就在他的二十七歲生日之前，這時他已經創造出兩個經濟學分支、一個數學分支（數學是他的正式工作），而且也對形上學、心靈哲學、行動哲學、語言哲學、機率哲學與決策理論做出了貢獻，從他的時代至今，其實還無人能夠相提並論。

蘇·曼德斯（Sue Mendus）　我最愛的哲學家是彌爾：因為他過著豐富的政治生活，而且在政治世界裡研究出他的哲學理論；他參與政治。雖然一般文獻沒有告訴你這一點，但他是個非常熱情的人，而且也極為關懷那些沒有他這麼富裕的人。而我想他也有個悲哀的人生，跟他自己的人格、還有他自己的背景掙扎。而他勝利了！所以他是我的最愛。

約翰·米海爾（John Mikhail）　我會提到兩個人：休謨與傑瑞米·邊沁（Jeremy Bentham）。休謨是心靈活動的傑出理論家，他對我們心靈生活的細緻描述，還有提出能經歷時間考驗的哲學問題這兩方面絕對都非同凡響。邊沁則是個英雄，因為他的道德與政治觀點，他年輕時對周遭社會的腐敗與不道德感到憤慨，決心改變這一點，而他真的非常有效地做到了。

大衛．米勒（David Miller）　我有兩位最愛的哲學家，休謨與維根斯坦。我喜歡他們兩位的原因，在於他們一直都灌輸我對抗某種類型的懷疑主義。舉例來說，這就是為何我從沒有受到任何形式的後現代主義一絲誘惑：如果你研究這些哲學家，你會立刻看出某種形式的懷疑主義推論中自我駁斥的特性。

塔立克．莫都德（Tariq Modood）　我的天哪。我有幾個最喜歡的哲學家。蘇格拉底是大英雄。可能對我影響最大的哲學家是維根斯坦。維根斯坦強調哲學不是嘗試建立一種像數學那樣的理想語言，還有話語文字並不是不精確的——它們做的就是它們本來要做的事，不過它們本來要做的事，不必然是哲學家加諸於它們的過量負擔。對於「意義存在於用途之中」這個事實的強調，對我來說是非常重要的概念。另一個對我來說非常重要的概念是「家族相似性」，因為那幫助我了解在我自己的領域，即多元文化主義之中，那些人嘗試讓所有團體看起來像是某一個特定模型，例如族裔的、平等的，或者任何其他模型，為何不只是追求看似在政治上不可能達到的任務，而是還有知性方面的缺陷。他們是在一個維根斯坦徹底推翻的概念群的概念架構下運作。

A．W．摩爾（A. W. Moore）　康德，有一部分是因為他的哲學具有不可思議的寬廣度，也因為在這個脈絡下出現某種算是出乎意料的東西，也就是那種哲學不可思議的統一性。

史蒂芬．尼爾（Stephen Neale）　羅素（Bertrand Russell）。他以他的描述理論澄清了語言使用的一個面向，這個理論的完整分支派別還沒有完全被摸透。這是個非常重要的貢獻。這是羅素自己一輩子緊抓不放的貢獻，他在年紀很大的時候被問到，他對哲學最重要的貢獻是什麼的時候，他說是描述理論。而我也想表示同意。

蘇珊．尼曼（Susan Neiman）　呃，如果只能選一個，那我就會選康德。他其實比起任何人都是最勇敢的。康德最重要的洞見是，在世界既有的狀態與世界應然的狀態之間有個鴻溝，而兩者都有相同的價值。而一個人需要一直把兩者記在心上。這是極端難以採取的立場。這是非常現代的。這意味著一定程度的活在刀口上，一定程度的永恆挫折。人傾向於朝著非此即彼的方向走。他們要不是說：「世界的現狀，就是所有的一切，而任何一種理想都是一種你應該長大擺脫的幻象。」或者他們投射某種幻覺——這就是你會得到史達林主義或其他類似物的地方，然後說：「世界應然的狀態，就是世界所是的狀態。」活在兩者並存的狀態是極端困難的，而這表示你知道你永遠不會完全實現你所相信的理想。不過我想這是同時保持誠實與希望的唯一辦法。

瑪莎·奴思邦（Martha Nussbaum） 喔，這是個很難的問題，但我猜我會說是彌爾，而一部分的理由是，當我想像與歷史上偉大的哲學家會面交談時，我立刻想像到他們可能對一個女人會有輕蔑的反應。而在過去的偉大哲學家之中，彌爾是少數，或許是唯一一個，把女人想成平等同儕的人，而我想我可以跟他有一番非常好的交談。

歐諾拉·歐尼爾（Onora O'Neill） 嗯，我研究康德的年頭，多到超過我會告訴你的。而我想我對康德的哲學，已經發展出一種不尋常而寬廣的解讀，這種解讀在很大程度上比某些漫畫式簡化更支持他。所以去吧，值得這麼做的。去讀他的書。讀某些比較不重要的著作。而且當然了，我不是現在唯一一個這樣做的人。最近我接觸到的博士論文涵蓋康德與環境倫理學，還有康德與智慧財產。在你進入更寬廣的康德世界時，會發現裡面有很多東西。

菲利浦·佩迪特（Philip Pettit） 喔天啊，喔天啊，你提出這個問題時該先警告我一下。

我想在這個範圍內，我對霍布斯充滿狂熱。距今幾年前我寫過一本關於他的書，他首先引進了一個非常重要的論題，這個論題是，我們跟其他動物相當相似，除了我們剛好有語言以外。霍布斯發展這個論題的當時缺乏演化論知識，但我想他的觀點可以重新修訂成跟我們所知的達爾文理論相符。不管這些想法是不是完全正確，都是個美妙的想法。但當然了，在講到霍布斯的政治哲學時，我討厭霍布斯。所以在這方面，我發現康德比較吸引人，雖然政治哲學上的康德也讓我很困擾。我必須開始提到比較不知名的人物，像是十八世紀的約瑟夫・普利斯特里（Joseph Priestley）、理查・普萊斯（Richard Price），這些人是我在政治思想上的英雄。

安妮・菲利普斯（Anne Phillips）　我最愛的哲學家是漢娜・鄂蘭（Hannah Arendt）。我不太知道為什麼，不過每次開始一個新的研究計畫，我都會發現自己在重讀漢娜・鄂蘭，而且找到關於這世界更多有趣的事情。我無法概括簡述她的哲學，不過她在我看來是最具原創性的思想家之一。

尼克・菲力浦森　我最愛的哲學家還是休謨。休謨有某種非常具有同情心的東西。他是個懷疑主義者，而且不是個教條式的懷疑主義者。他非常有趣。他寫的信件好極了。而且他是個好廚子。

漢娜・皮卡德（Hanna Pickard） 我最喜歡的哲學家是休謨，因為我想他讀起來很美妙，而且他認真看待情緒——在我看來道德哲學與心靈哲學都沒有成功做到這一點，這損害到我們對人性的理解——而理解人性，是我希望哲學致力於做到的事。

湯瑪斯・博格（Thomas Pogge） 我必須說是康德。為什麼？理由有二。一個是他就是棒得要死。康德就是無窮無盡。而我就是愛讀康德，熱愛追隨他的思想，而我每次讀他的著作，我都發現新的東西。所以如果你只能帶一本書去荒島，你要帶哪一本？對我來說這本書絕對會是第一批判，《純粹理性批判》，雖然我以前已經讀過許多次了。另一件事情是，我仰慕康德對哲學的嚴肅。舉例來說，在跟他的道德哲學有關的時候，他小心認真到不可思議。他思考道德哲學的時候，就像是他所思考的事情真的非常非常重要，而且，當然了，到頭來那確實重要，只要看的是好幾世紀而非好幾年的時間。

基甸・羅森（Gideon Rosen） 喔，這是個難題。我的孩子們總是問我「誰是我最喜歡的這個」、「誰是我最喜歡的那個」，而我腦袋裡從來就沒有那些名單。我這個星期在教休謨。就今天來說，休謨是我最喜歡的哲學家。休謨是個被哲學限制弄得很困惑的哲學家。休謨是個第一流的抽象思想家，把他的凝視目光轉向常人的思考與常人的實踐，然後發現在仔細的檢視之下，它會吃掉自己的尾巴，它分解了。不過休謨認為，雖然人類是理性的動物，而且這是我們本性的一個面向，我們應該擁抱它，而且不能否認：我們不只是理性的動物，也是非理性的人類動物。對人類生命的哲學理解，並不是設計出來把人類生命拉去跟哲學達成一致的，它是設計出來讓哲學符合人類生命的。

保羅・羅素（Paul Russell） 喔，那是個困難的問題。我可以作弊挑兩個嗎？從歷史角度上來說，我是休謨的大粉絲：這反映了我的蘇格蘭背景。我仰慕休謨的清晰與精確，還有他對於什麼是重要大議題的辨別力。我真心仰慕的另一個人，另一個偏愛的對象，是我的論文指導教授伯納德・威廉斯（Bernard Williams），他是二十世紀具有巨大影響力的重要哲學家。我極度仰慕他的哲學能力與洞見，他的研究範圍極大，而且就像休謨，我覺得他對於什麼是重要的哲學問題跟議題，有很棒的辨別力。他對於哲學本身的本質，提出了很棒的批判性洞見。

麥可・桑德爾（Michael Sandel） 我覺得最有挑戰性、最刺激的哲學家是黑格爾。我想那有一部分是因為黑格爾雖然很難理解，但他提出關於康德抽象道德的基本問題，把道德與具體道德生活連結在一起。在哲學上對我而言，黑格爾對康德的挑戰是哲學中最刺激的作品之一。

所以我提名黑格爾。

菲利浦・史考菲爾德（Philip Schofield） 我最愛的哲學家是邊沁。我在一九八四年在一個邊沁研究計畫裡拿到工作，而他從此之後就成了我的衣食父母。

彼得・辛格 亨利・西吉威克（Henry Sidgwick）是我最愛的哲學家。在效益主義三位創立者邊沁、彌爾與西吉威克之中，他是最不為人知的，但他身為哲學家顯然是最好的一位。他的大師之作《倫理學方法》（*The Methods of Ethics*），是一本論理絕佳的書：他想到許多反駁，他小心翼翼地公平對待他的反對者。而他論證支持本質上屬於效益主義式的結論，雖然他得承認，他並不相信他能夠擊敗利己主義者的觀點。不過有許多問題是西吉威克提出並推論過的，用的是一種現在仍然重要的方式，所以到現在常常也還很正確，這讓我認為他作為一個細心、懂得反省的哲學家，是無人能匹敵的。

巴瑞・史密斯（Barry Smith） 我猜我的意見隨著時間改變。麥可・鄧密特是我的第一個最愛，不過隨著年紀增長，休謨與維根斯坦加進來，還有喬姆斯基（Chomsky），因為他談理解語言的作品。如果我得在他們之中挑一個，那會是休謨，偉大的蘇格蘭人。我想他對於我們生命的每個面向有個居高臨下的理解：心靈如何運作、我們如何融入世界、道德的本質、我們的美學判斷，還有政治。而他真的很熱中於理解，到底我們身為生物是如何運作的：我們的心靈是如何被建立，以及如何被組織起來。而為了這個理由，他不在乎被稱為哲學家還是心理學家，或者別的什麼。他只想發掘事情——而在這件事上，他所做的嘗試非常好。

理查・索拉吉（Richard Sorabji） 我沒有一個持續的最愛，因為我會隨著時間改變心意。在此刻，讓我最興奮的兩位哲學家是晚期的斯多噶派，為首的是一位叫做佩納提烏斯（Panaetius）的斯多噶派，他把道德哲學變得非常個人而有原創性，還有一位是甘地。不過毫無疑問，那是因為我最近的一本書和他有關。

希雷爾・史戴納（Hillel Steiner） 噢天吶，你沒先警告我有這一問。無趣的是，我必須選擇洛克。不只是因為他的政治哲學，或者老實說尤其是因為他的政治哲學，我發現我自己對此相當有同感，但更重要的是他在歷史上的地位。他在我看來一直是個典範人物。

丹・史特伯（Dan Sterber） 喔，那是個困難的問題。我不認為我有一個最愛的哲學家。我在哲學中喜歡的正是異議、對話，想出相當不同的觀點與交換論證的能力。

羅伯特・史特恩　嗯，一定是黑格爾。因為在他想通困難議題、並加以解決的嘗試之中，有一種複雜性，這是當代哲學中未經充分利用的資源，特別是當代分析哲學。可以理解的是，這種風格、語言、還有其他特色讓大部分分析哲學家退避三舍，而沒看到通常黑格爾給你的選擇是落在其他人沒見過的知性地圖上。

蓋倫・史卓森（Galen Strawson）　我想是康德。每次我聽到「純粹理性批判」這幾個字，我就發現自己不由自主地流口水了。這是個荒謬的反應，不過真的就是這樣，這件事現在正在發生。

羅伯特・塔利斯　彌爾是我最愛的哲學家：不是因為我同意他說的每件事，但我想他的主要著作，特別是《論自由》，是有史以來最動人、思考最透徹、最平易近人、論證最嚴密的哲學著作之一。

茲維坦・托多洛夫（Tzvetan Todorov）　也許我最愛的哲學家是盧梭，因為他是極端多面向的作者，是小說家、劇作家、自傳作者、夢想家、個人主義者，也是社會主義者：他極具天賦，而且可能是個讓人難以忍受的人，但夠幸運的是，我們有他那些作品。

亞歷克斯．伍爾賀弗（Alex Voorhoeve）　我想會是休謨。我喜歡他身為自然主義者的研究方法，他設法搞懂我們的心理學，還有我們的道德與政治判斷是從哪來的。我發現他極具洞察力與啟發性，而且總是讓我驚訝的是，發現你的判斷來自哪裡，能夠影響你認為它們到底有沒有什麼好處。

蘇珊．沃夫（Susan Wolf）　還活著的還是死掉的？嗯，亞里斯多德是我想到的第一個。他很有智慧又有人性。

強納森．伍爾夫　可能是休謨。理由在於他在二十六歲時寫下了《人性論》。這本書裡可能有幾千個完全原創的新觀念：這似乎是個奇蹟，一個年紀這麼輕的人已經想到這麼多了。而且也因為他的表達不可思議地精簡：在一頁上面你可能看到三個卓越的論證。大多數哲學家如果能提出休謨在一頁上提出的觀念，就會對自己這輩子的工作成果相當滿足了。

· 1 ·

聊聊蘇格拉底與蘇格拉底方法

麥加比vs沃伯頓

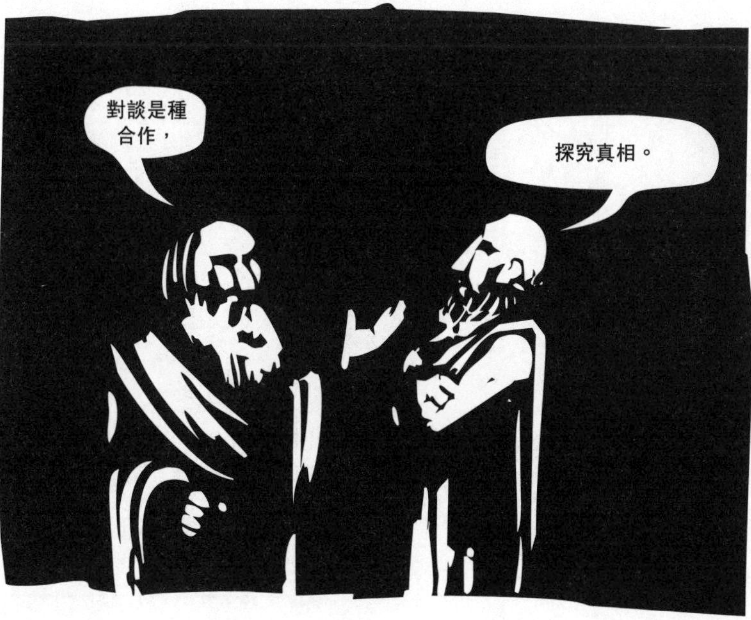

大衛・愛德蒙茲引言

根據字典，一個問題是一種徵求回應的表示。在思想史上沒有一個人物比西方哲學始祖之一的蘇格拉底，更讓人聯想到問題了。透過對話錄，他把自己的名字賦予到一種探究上：所謂的蘇格拉底方法。他的問題與對真理的尋求惹惱雅典人，以至於他因為腐化年輕心靈而受審，被判有罪。他在西元前三九九年受到的懲罰，是飲下毒胡蘿蔔汁致死。倫敦國王學院的麥加比教授，讓自己接受「哲學會咬人」的嚴密質問。

奈傑爾．沃伯頓（下面簡稱沃）　我們要來談蘇格拉底方法，那是蘇格拉底所使用的方法。不過誰是蘇格拉底呢？

麥加比（下面簡稱麥）　蘇格拉底住在西元前五世紀的雅典。他長得醜，看起來又髒髒的，卻是個引人注目、讓人嘆服的人物，所以在他提問時，旁人會回答——他一直掌控著對話者的注意力。不過這在雅典造成一些困難，因為他問的是讓人不舒服的、深入的問題，關於人為什麼做了那些事，包括個人行為與集體行為，而雅典人不怎麼喜歡這些問題。他們認為他在某方面要為城邦內的破壞性元素負責，尤其是前五世紀末雅典人捲入的某些政治難題。所以在西元前三九九年，七十歲的蘇格拉底被處決了：以毒胡蘿蔔汁賜死。他為其餘的西方哲學留下巨大的遺產。

沃 而他的一部分遺產，是柏拉圖作品中描繪的蘇格拉底。柏拉圖是他的學生之一，而且把蘇格拉底寫得極好。

麥 沒錯。事實上蘇格拉底的生平有好幾種資料來源。有一齣亞里斯托芬尼斯（Aristophanes）的粗俗鬧劇《雲》；還有某些由色諾芬提供，相當類似聖徒行傳的資料；還有其他蘇格拉底相關作品。不過最重要的蘇格拉底素材，是柏拉圖寫的對話錄全集，在其中蘇格拉底是主要發言者：這些作品是有關於他的生與死，還有他跟其他人的對話，在蘇格拉底叫這些人出來解釋以前，這些倒楣的人本來正試著過自己的普通小日子。

沃 不過很重要的是我們有這些作品，因為蘇格拉底沒有寫下任何東西。

麥 他什麼都沒寫；他可能太忙著講話了。他假定我們應該做的事情是，時時刻刻對別人還有我們自己提問，問我們在想什麼，問我們在做什麼，還有思考我們在做什麼，是什麼意思：也就是說，同時問關於道德事務與知識論事務的問題。我舉個例子：有個雅典人叫做尤西弗羅，他是宗教專家。蘇格拉底遇見他的時候，他們都在前往法庭的路上：蘇格拉底要為自己被控的罪名辯護；尤西弗羅要告發他自己的父親殺害他擁有的一名奴隸。蘇格拉底對尤西弗羅說：「等一下，你確定你知道你在做什麼嗎？」尤西弗羅說：「對啊，我當然知道我在做什麼，我是專家。」蘇格拉底的探究，有一部分是關於尤西弗羅是否有權認為他所做的事情是對的。不過關於他與尤西弗羅的討論，其中最重要的事情是，他探究在你說「我知道告發我父親是正確的事」時，有這種知識會是什麼樣，你發表的是哪種主張。所以討論總是在雙重層面上進行，既是解釋手邊的這個特定問題，也是解釋要回答這個問題有什麼樣的條件。

・對談是種合作活動，探究真相

沃　這種討論實際上是我們所謂「蘇格拉底方法」的一個範例：蘇格拉底在此遇到某人，挑戰他們的假設，然後透過提出困難的問題，釐清他們所知的有多麼少。

麥　的確。他設法要向我們解釋的，不只是他們知道的有多麼少，還有他們對於知道某件事是什麼樣的理解有多麼少。我們所理解的蘇格拉底方法，是這種連續的質問；但我們必須注意這樣變得有多複雜。一個人必須想到蘇格拉底方法的邏輯；在他考慮到某個人在這種問答中的立場時，他看的是他們所持觀點的集合，而不是探究某個單一命題，找出來它是真的還是假的。所以蘇格拉底是設法要看出一個人相信的每一件事，是如何拼合在一起的。你看得出來，這讓蘇格拉底方法是個非常複雜又有爭議的過程，因為你是在問人異常莽撞到極點的問題，問他們真正的想法是什麼，然後逼他們面對超級不舒服的念頭：他們所想的事情，在某種程度上是不融貫或不一致的，或者可悲地不完整。

沃　而有很多人因此發現他極端惱人。

麥　嗯，他們殺了他；他們受夠了這一切，所以他們把他做掉了。

沃　致力於蘇格拉底方法的人不是圖書館裡沉思的個人：他是在市集裡仔細檢視種種觀念，跟人談話。

麥　正是如此；蘇格拉底認為你可以進行一場沒有拘束的對話，並藉著這種方式發現事物。這不是在建議我們以某種方式卡在自己腦袋裡，不能合作或集體來做事情；他並沒有從是否有其他心靈存在的懷疑論立場出發，或者假定我受限於自己的主觀經驗。蘇格拉底反而認為（或者說，柏拉圖讓我們看到一個這麼認為的蘇格拉底）這些對話真的是合作活動，其實有可能一起發現一些事物。而從現代的觀點來看，我們傾向於認為那有點誇張，認為他是在反諷。大家常常這樣講蘇格拉底：「喔，好吧，他**說**想跟他的朋友們談話，但他不是真那麼想，因為他知道自己是個鬼靈精，而他們真的很笨——他真正在做的事情是讓他們看個清楚。」在我看來，這說法是假定這些討論的語氣裡，包含了某些可能並不存在的弦外之音。我想一個人應該照字面意義去讀柏拉圖要他說的話，並且認為蘇格拉底覺得這些問答過程是**互相**啟發的，對於手邊的問題，還有回答這問題意味著什麼，這兩方面都有啟發性。

沃 這些對話錄之所以好，是因為它們導向知識，或者因為它們是對話，所以在本質上就有某種好處？

麥 在此要記得的第一件事情是，就算這些對話本身結束在僵局，在無從解決的困境中，卻沒有敗在毫無進展：通常讀者跟對話者雙方，在這一路上對於思想、解釋與知識應該如何運作，都會有很多發現。然後第二點是，一個人可能會稍微反省一下蘇格拉底問這所有問題的時候，可能致力於什麼：為什麼值得這麼做？為什麼這種讓人不舒服的對話，是我們應該關切的事情，更不要說是要為此送命了？某些人認為，蘇格拉底對於知識的興趣是實用上的——我們想去了解事物，這樣我們就會擅長把事情做對，做精確的決定，掌握我們需要或想要的一切，滿足我們的最佳利益。根據這種理由，蘇格拉底會認為知識值得擁有是為了工具性價值——因為知識能提供給我們的任何好處，而不是它本身可能有的任何價值。不過這樣把蘇格拉底描繪成尋求計算出最佳結果，或者要收集到最大量的善，我認為不合乎他原本給人不在乎名利的印象，也不合乎他著魔似的質問，還有他對於知識本身持續不斷的興趣。思考蘇格拉底的方式，反而是要透過他的格言：「未經檢視的人生不值得活」。

・未經檢視的人生不值得活

沃　在蘇格拉底說「未經檢視的人生不值得活」的時候，他是什麼意思？

麥　首先要把它想成**人生**。蘇格拉底要我們考慮的是一整個人生，不是我們在某一天或者下一天可能收集到的善的集合。所以焦點不在於個別的實用推論片段或獲取特別的善，甚至不是積聚財富、尋求名望，而是朝向某種可能同時具備延續性與人生架構的東西，以過這個人生的這個人為中心，而不是他們在這一路上取得的東西。第二，想想什麼可能是對**未經檢視**人生的反論，或者要我們檢視人生的要求可能是指什麼。有兩種方式去理解這種要求：我們檢視人生；或者推崇自我檢視的人生。如果我是對的，蘇格拉底方法是對於知識與理解的條件，還有對於特定倫理學問題的答案都感興趣，那麼我們或許可以做出結論：蘇格拉底感興趣的是自我檢視的人生。所以這會是持續質問的過程——確定你的推論原則跟推論過程是誠實而一致的，彼此嵌合，而且是你願意為之負責的事物——描繪出值得活的人生的特質，甚至是創造出這樣的人生。

沃　那麼這是否表示，我們只要時時刻刻到處提問，就可以過美好的人生？

麥　這樣可能很讓人沮喪，不是嗎？或許你到頭來會形單影隻又沒朋友（更別提毒胡蘿蔔汁了）。接著或許你會變成某種人，對你來說其他人的人生不是別的，就只是你個人反省的工具，而我們視為尋常的人生特色變得無足輕重——唯一重要的就是這種嚴峻的理智主義：那會是人生、道德與每一樣事物之中唯一的一切。這發展成傳統上的一個問題：有智慧的人（或者有道德的人）是否受到苦難折磨也還會快樂。但從蘇格拉底對於經過檢視的人生所說的話裡，並不會自然推論出檢視就是人生中的**所有一切**；經過檢視的人生可能是讓這段人生美好的核心解釋或者條件，但不是說檢視就是一切了。所以你可以擁有朋友還有愛，甚至做各種無聊瑣碎的事，人生仍然可以算是經過檢視的——如果你確實把檢視置於人生的核心。而不需要認為蘇格拉底說有智慧的人在苦難折磨中也快樂，他只要認同底下這個觀點：如果你讓兩個人上酷刑架，一個人有智慧，另一個人則沒有，有智慧的那個狀況會比較好。

沃　那真是有趣，因為有這個古老的訓諭，「認識你自己」。你可能會認為這意思是你必須內省，進入荒野，遠離其他人來思索你的人生。但對蘇格拉底來說，這是個本質上屬於社會的活動。

麥　沒錯。假設你設法要弄懂什麼是反思；你可能會想，「反思需要我漫遊到荒野之中，憂心忡忡」。我想蘇格拉底認為反思是對你所思考的事情有一種超然的視角——從外部如實地注視、反省你思索的事物。但你能做到這件事的最佳方式之一就是對話，因為對話的功能就是提供你不同觀點。而他可能會進一步認為，有心像這樣開展人生的理由之一，在於共同做些事情就是很重要，社會參與本身就很重要——對於愛與知識兩方面都如此。

・反思，於是認識自己

沃　蘇格拉底聲稱他沒有東西可以教；儘管如此，今日的我們有什麼可以從蘇格拉底身上學習的嗎？

麥　如果蘇格拉底認為我們學到了某件事，他仍然不會認為是他教給我們的。不過我認為他說對了某件重要的事。在我看來，如果我們參與教育，不管是被教導或者教導別人，或者最棒的是兩者同時，蘇格拉底方法是一項基本特徵。這並不構成教育的全部，不過構成了某種我們可能認為是適當教育樣貌的核心：以開放的心態跟別人討論，對結果不設限，讓他們可以反省他們在想什麼，也讓我們反省我們在想什麼，沒有命令，沒有教條，沒有堅持，也沒有必須服從的規則。而如果你喜歡這麼說，這些對話者被要求做的事情，是忠於他們自己：對他們的信念真誠，而且對他們的信念如何與保持誠實結合，並且對他們的同伴有些尊重。我想這一切是我們確實從蘇格拉底那裡學來的一課。

沃　那麼對妳來說，作為一個受到蘇格拉底教誨啟發，又受限於大學課表束縛的人，這又有什麼樣的含意呢？

麥　我們在大學裡教書的標準方式，蘇格拉底不會認可那是達到理解的適當方法。比如說講課，實際上不可能以蘇格拉底的方式講課，因為講課中沒有對話。蘇格拉底一直在抱怨「長篇演講」，我想是因為這些長篇大論就是沒辦法讓其他人用正確的方式參與。蘇格拉底肯定不會認可當代意義上的考試，因為那就表示有正確答案跟錯誤答案，而他不用那種方式思考事物。雖然他不否認有真理與虛假，他認為知識與理解並不是像那樣拼湊出來，也不是用那種測驗來檢查。他不喜歡那樣切成小塊的課程、模組，不管你喜歡怎麼稱呼它們。舉例來說，他不認為你可以從這裡開始、那裡結束，就搞懂了形上學，因為他認為一個問題跟另一個問題之間，沒有區分的界線。蘇格拉底方法很吃力又極端，但我們看得出來，這是個必須時時放在心上的模型。這個方法讓你就是多誠實一點點，它讓你不去想：「喔耶這很容易，你知道的，我可以去講幾堂課，然後就達成我的工作了。」你做工作時，不應該看起來像那樣，在哲學方面尤其如此。

沃　妳會形容妳自己是蘇格拉底式的嗎？

麥　我真希望我可以。我想要成為那樣的人。但這非常難！

瑪麗．瑪格麗特．麥加比（Mary Margaret McCabe）是倫敦國王學院古代哲學教授。她大多數作品寫的是柏拉圖與亞里斯多德；她的著作包括《柏拉圖的個體》（*Plato's Individuals*），還有《柏拉圖與他的先驅：理性的戲劇化》（*Plato and His Predecessors: the Dramatization of Reason*）。

· 2 ·

聊聊柏拉圖的情欲之愛

安姬·哈布斯 vs 沃伯頓

大衛．愛德蒙茲引言

場景：兩千五百年前的一場飲酒派對。狂歡者：一位哲學家，一位軍人政治家，一位喜劇詩人，一位悲劇詩人，一位醫師，一位法律專家。他們討論的主題：愛。為了討論柏拉圖最著名的對話錄之一，《饗宴篇》（*Symposium*），尤其是討論情欲之愛的本質，我們與雪菲爾大學的安姬．哈布斯對談。

奈傑爾．沃伯頓（沃） 我們要談的主題是柏拉圖論愛情。我們在講的是一種特定類型的愛，Eros。柏拉圖用這個詞的意思是什麼？

安姬．哈布斯（哈） 這個詞彙的意思是情欲之愛，而我曾經聽人很優美地描述成「任何讓你激動的事物」。傳統上來說，在希臘文學裡，情欲之愛是對某人身體的肉欲之愛，不過我們會看到，柏拉圖在他全部著作裡所做的事情，特別是在他論愛情的偉大對話錄《饗宴篇》裡，他把情欲之愛的領域拓展到遠離身體。但這個詞彙的基本意義，是對另一個人類的情欲。

沃 妳提到了《饗宴篇》。那是什麼？

哈 這是柏拉圖的一篇傑出對話錄。他在大約西元前三八五年寫下這篇對話錄，但主要是設定在西元前四一六年，其中描述了一場可能是偽造出來的饗宴，一次飲酒派對，在一位叫做阿加松（Agathon）的悲劇詩人家裡舉行。座上賓客包括蘇格拉底，喜劇詩人亞里斯托芬尼斯，一位醫師，一個修辭學學生，還有可能是當時雅典最有名的人，一位迷人、領袖魅力十足的將軍／政治家／壞男孩／搖滾巨星型人物，阿瑟拜亞迪斯。他們對於情欲之愛是什麼意思，全都提出自己的觀點：其定義與起源，目標與對象，對人類是有益或有害。

・愛情神話：重新取得失物的渴望

沃 我們就從亞里斯托芬尼斯開始吧。他對於情欲之愛的本質發表了強有力的演講。

哈 這是我在西方文學中最喜愛的段落之一。他無愧於他的專業，帶來這個有極佳創造力的喜劇幻想文學。他說，原本有三種原初人類（雖然他們能不能被歸類成原初人類，還有爭議）：男性，女性以及雌雄同體（男性與女性的混合）。而這些生物本來是圓形的。他們是正圓形，有四隻手臂、四條腿、兩顆頭跟兩張臉，還有兩組生殖器官，而他們在地球表面上到處滾，就像特技演員一樣。不過這個種族變得非常高傲，僭越了自己的位置，宙斯為首的希臘諸神在想要怎麼處置他們。如果把他們都殺光，就會除去威脅，但諸神也會失去所有的奠酒與祭品。

所以眾神這麼想：我們要做的是把他們切成兩半。這樣既削弱了他們，也讓奠酒數量加倍了。所以宙斯命令鐵匠之神赫菲斯托斯把這些圓形生物切成兩半，變成有兩隻手臂、兩條腿、一張臉、一組生殖器官（一開始放在錯誤的地方，我們稍後會再回到這一點），然後他們悶悶不樂地在世界各地尋找他們失去的另一半。亞里斯托芬尼斯說，這就是 Eros：就是尋找你名副其實的另一半；就是跟另一半重新結合，然後達到你原初狀態的欲望。它是重新取得你失去之物的渴望與探求。

沃　這是對性渴望的一種有力隱喻，不過就算在古希臘時代，這話也不可能被當成真有其事吧？

哈　是不會，不過要喚起這個概念——對另一個獨一無二、特殊又不可取代的人類的情欲——這確實是非常有說服力的方式。只是當然了，在此有個引人入勝的問題是，那失去的另一半是否被尋覓中的愛人視為一個完整人類，或者只被當成他／她自己失落的一半，某種要被再吸收的東西。柏拉圖可能會對我們現在所謂的「浪漫愛」投以敵視的目光，並且迫使我們對於這種愛裡牽涉到多大程度的利己主義，問出一些讓人不舒服的問題。而且這裡也有關於同一性的複雜問題。不過毫無疑問的事實是，這種尋求是有風險、又有潛在可能導致痛苦的過程：你可能永遠不會碰上你的另一半。而就算你碰上了，他們可能後來死在你懷裡，留下的你沒有恰當的替代人選：就算你形成了某種別的羈絆，你一直都會少了另一半。所以這個故事召喚出所有的渴望與強烈情感，還有對某個獨特個體（無論視之為一半或者一個整體）的浪漫愛激情。不過這也召喚出那種愛的風險、威脅與潛在的奴役可能性。

‧精神與身體的焊接

沃 在你遇到你的另一半時會發生什麼事？

哈 嗯，起初在神話裡這一切都非常挫折，因為這些生物的生殖器官位在錯誤的地方，他們無法用身體做愛。所以宙斯介入了，命令赫菲斯托斯彌補這一點：他們的生殖器官被移開了，現在可以用身體做愛。然後柏拉圖對這個神話做的事情變得很有興趣，真的很引人入勝。我們被要求去想像這些配對在床上身體纏繞成一團；他們在彼此深入貫穿的性愛之中，而就在這一刻，鐵匠之神赫菲斯托斯來到他們床邊，會被認為真是個不受歡迎又相當笨拙的不速之客。然後赫菲斯托斯打斷他們，問道：「你們真正想要的是什麼？要我把你們焊在一起？不只是身體上，還有靈魂上的相連，好讓你們變成一個，而不是兩個？」而他們說：「對對對，那就是我們要的。」然後赫菲斯托斯說：「想清楚點。這真的、真的是你們要的？」而他們說：「對，對，把我們焊起來，把我們焊起來！」然後神話就到這裡結束。他們會在活著的時候被焊在一起——而我相信赫菲斯托斯設想的，是一種精神上也是身體上的焊接——而且他們在死亡中也會同在。

不過其中的含意是，這篇幻想文學的作者柏拉圖，透過亞里斯托芬尼斯這個角色，要我們非常努力去想我們認為浪漫愛是什麼，還有我們從中想得到的是什麼。因為在你跟你的摯愛在一起時，你可能讓那種非常激烈的身體與精神渴望完全被燒融。但想想如果那種事真的發生了會怎麼樣：情欲之愛可能持續存在嗎？而我認為柏拉圖在此提出了很有意思的問題，因為他在說的是：如果你把愛定義成尋求你所缺乏之物，那麼如果你找到了尋求的對象，接下來會發生什麼事？情欲之愛會趨向自身的毀滅嗎？因為如果你找到你在尋找的東西，你肯定會取消掉讓情欲之愛有可能出現的條件。而你想要這樣嗎？這樣你覺得沒關係嗎？

・愛上的是另一個人，還是良善？

沃 那是亞里斯托芬尼斯。蘇格拉底怎麼發展這些觀念？

哈 在輪到蘇格拉底開口的時候，他講了一段跟別人的對話，他年輕時曾經跟一個（可能是虛構的）叫做迪歐提瑪的女祭司談話，他很淘氣地說，他所知關於情欲的一切，都是這個人教他的：蘇格拉底是由年長女性調教出來的，這安排真是美妙。在這段對話的過程裡，我們得知愛不是對某人另一半的愛，而是對良善的愛：亞里斯托芬尼斯把愛搞錯了。你不是只因為某樣東西屬於你就愛它——如果你牙痛，你會想要擺脫那顆爛牙；你愛某樣東西或某個人，是因為它或他們是好的。

沃 所以那表示對蘇格拉底來說，原則上愛人是可以互換的？

哈 是的，可以。他說愛的目標是永遠擁有善，這當然蘊含著我們想要某種不朽。此刻，在《饗宴篇》裡，沒有提供個人的不朽性。專屬於你的個人生命，在你死的時候會來到終點。所以我們全都在做的事情——用佛洛伊德的術語，通常是無意識地做——是尋求各種替代形式的不朽，蘇格拉底說其中有三種，他按照重要性遞增的順序列出。第一個，也是在蘇格拉底眼中最不重要的，是你可以擁有子女；第二個，你可以像阿奇里斯一樣做些光榮的事，會替你贏得長存的名聲；或者第三個，最好的選擇，就是你可以創造經得起時間考驗的哲學、文學、法律與教育體系等領域的作品。

那是達成永久的善的方法。不過蘇格拉底說，我們做這任何一件事的方式，是透過一個美麗的被愛者，一個美麗的愛的對象。在生下實際子女的狀況下，我們實際愛上一個美麗的心愛之人，並且用那個心愛的人來創造出子女。在榮耀與名譽、或者藝術與科學作品的例子裡，我們用我們對美麗被愛者的愛，當成靈感來源，而且在某些狀況下，被愛者的教育本身就是讓我們存活下來的創意工作。現在這些美麗的被愛者，他們是我們達成種種不朽替代品的手段，只是迪歐提瑪所謂「美的形式」的一種表徵或實例。美的形式本身是不變、無法感知的永恆結構或原則——完美而超驗的美的原則。而在這個現象世界裡的每個美麗物體，有生命或沒有生命的，只是美的單一形式免不了顯得不完美的實例。這樣的結果是，我們愛上的每個被愛者都是個別可替換的。我們不是像亞里斯托芬尼斯認為的那樣，被他們獨特的個別性所吸引；我們被他們吸引，只取決於他們在多大程度上是「美的理型」的表徵，可以幫助我們朝著永遠占據善的終極目標前進。

沃 所以在成功、成就、家庭方面，我們在人生中傾向於最重視的那些事物，所有這一切，其實動力都是來自一種對美的愛？

哈 完全正確。精確地說是這樣：愛是藉著美的手段，透過產生孕育後代來永久占據善的欲望。所以《饗宴篇》裡的這篇特定講詞讓佛洛伊德大受啟發，在我看來並不意外。佛洛伊德說，對，有這個基本的愛欲能量之流，它可能稍後會被取消，然後轉向到不同的對象上。當然，佛洛伊德把這種改道稱為「昇華」，而他相信他對於欲力昇華的理論，深深受惠於柏拉圖對於愛欲改道的理論（雖然事實上兩者之間除了相似處以外，也有重大的不同）。

・愛的階梯

沃 不過對柏拉圖來說，愛有個形上學面向。那跟他對於理型論的整體概念有關聯。

哈 沒錯。到目前為止，我們一直聚焦在某人跟另一個特定人物墜入愛河，就算他們戀愛的理由，只是因為那個特定人體現了理型。我們現在要看的是迪歐提瑪怎麼利用愛上某個美麗個體的現象，聲稱事實上那只是她所謂的「愛的階梯」的第一階，而她對這個階梯的描述，是西方文學上最著名、最有力也最令人困擾的段落之一。她說：你剛開始時從身體上受到另一個美麗軀體的吸引。但接著——期待出現米克．傑格的歌詞吧[4]——你領悟到一具身體的美麗近似於所有其他身體的美，所以不被他們全部吸引是不理性的。接下來你開始理解到，美在靈魂中比在身體中體現得更完整，所以你開始愛上美麗的靈魂。而你逐漸往階梯上爬升，這個階梯帶著你越來越遠離特定人類的身體，朝向更抽象的欲望對象。因為在人類靈魂之後，你把你的注意力轉向人類的習俗制度，然後轉向各種知識分支；到了最後，在階梯頂端向你揭示所有榮光的東西，是美的理型本身的超驗「視野」。迪歐提瑪說，在凝視這種完美的美時，人生變得真正可以承受。因為如果你愛的是某個美麗的人，你會被他們奴役，你被困住了（而且當然了，你愛的人也可能會死，或者離開你）：這是個痛苦、容易受傷的存在。相對來說，美的理型總是會在那裡等著你，永恆不變。但有趣的是，我們可能會注意到它也絕對不會以愛回報你。與美的理型同在的人，是處於一種至福的狀態，而柏拉圖用極端有性意涵的語言，來描述美的理型的揭露：這是帶來完全高潮的視野。但美的理型既然是完美的，並不是那種可以愛的實體。

4 譯注：應該是暗示滾石樂團（The Rolling Stone）的名曲〈（我得不到）滿足〉（〔I Can Get No〕Satisfaction）。

如同我們在《饗宴篇》裡看到的，愛是從缺乏中延伸出來的。所以，相對於基督教概念中一個充滿愛的神，凝視理型是一種單向的經驗。我們甚至可能想要問，在階梯最頂端，Eros 是否把自己轉變成某種別的東西了。

・愛的非普遍性陳述

沃　阿瑟拜亞迪斯在某個時間點上來了，有一種解讀是，柏拉圖透過蘇格拉底對阿瑟拜亞迪斯的反應，來示範蘇格拉底對 Eros 的概念。

哈　對。去看描述阿瑟拜亞迪斯進場的語言，是很有趣的。記得，阿瑟拜亞迪斯是這種耀眼奪目、充滿領袖魅力、又有迷人美貌的男子，據說他是雅典身材外貌最美麗的人，不論男女。而且男女兩性都愛他。儘管他聲稱事實正好相反，但可能沒愛上他的那一個人就是蘇格拉底。事實上，是阿瑟拜亞迪斯愛上了蘇格拉底，他倒轉了當時一般雅典上流社會的常態，那時候一個年長男人會跟十來歲的年輕男性愛人有風流韻事。無論如何，在蘇格拉底重述完他跟迪歐提瑪的對話以後，阿瑟拜亞迪斯這個角色才抵達這個晚宴；所以他沒聽到先前的任何一篇演講。

他喝醉了，而且被一個吹 aulos[5] 的女孩攙扶著——這種女孩通常提供的娛樂，不只是吹 aulos 而已。他戴著一個紫羅蘭與常春藤做成的花圈，都遮到眼前了。柏拉圖用「突然間」這個措詞來形容他的登場：就是他用來揭露美之理型的同一個詞彙。所以看來我們必須選擇：我們想要美的理型，或者一個特定的、美麗而有缺陷的人類？在阿瑟拜亞迪斯發現這個討論以後，他說：「喔，我會告訴你有關愛的一切；不過不是一個普遍性的陳述——反正我醉得厲害，也做不到——我只描述我對蘇格拉底特別的愛。」而我們得到的內容，我認為是對於愛上另一個全然特別的個人是什麼感覺，最動人、最有力的描述之一。在阿瑟拜亞迪斯的例子裡，這是非常痛苦的經驗，因為蘇格拉底看起來並沒有回報這份愛，他肯定沒有容許任何身體上的結合。阿瑟拜亞迪斯以讓人疑慮全消的坦白，說出他感受到的被拒痛苦，還有他對蘇格拉底的憤怒與嫉妒。所以，透過阿瑟拜亞迪斯，柏拉圖讓我們同時看到愛上某個特定的，被你視為獨特不可取代之人，當中的好處與壞處。他讓我們看到這種愛的美與浪漫、強烈的程度還有其中的激情；他也讓我們看到那種脆弱性與痛楚、嫉妒，還有憤怒。所以就算柏拉圖到最後是在說，「我想你應該把這一切都放棄，朝著愛的階梯往上爬」，他也向我們示範了他確實知道自己在說什麼。他確實了解，他要求我們放棄的東西有多激烈的強度與吸引力。

5　一種古希臘管樂器，用蘆葦稈製成，有單管與雙管（通常是雙管），音色類似風笛。

沃　我們聽到了三種不同的立場。妳覺得最有吸引力的是哪一個？

哈　嗯，我是在浪漫愛傳統下養大的，所以儘管有痛苦、脆弱又短暫無常，我還是會選亞里斯托芬尼斯那種。

安姬．哈布斯（Angie Hobbs）是雪菲爾大學的哲學公眾理解教授。她在古代哲學領域裡著作範圍甚廣，包括《柏拉圖與英雄》（*Plato and the Hero*），目前正在為牛津大學出版社製作柏拉圖的《饗宴篇》新註釋譯本。

· 3 ·

聊聊亞里斯多德的倫理學

泰倫斯·厄文vs沃伯頓

大衛・愛德蒙茲引言

亞里斯多德是一個文藝復興式的全方位才子，他生活的時期幾乎在文藝復興時期的兩千年前。他寫過非常非常多的主題：政治學、修辭學、生物學、邏輯、音樂、詩歌與其他更多。不過在他的作品中，倫理學著作比其他部分引起更多的興趣。泰倫斯・厄文大半的職業生涯都在康乃爾大學度過，現在是牛津大學古代哲學教授。

奈傑爾・沃伯頓（沃） 我們聚焦的主題是亞里斯多德的倫理學。稍微告訴我們亞里斯多德是什麼人吧。

泰倫斯・厄文（厄） 關於亞里斯多德生平的極精簡概述是這樣：他生於西元前三八四年，父親是一位醫師。他是馬其頓人，所以從雅典人的觀點來看，他幾乎不算希臘人。他花了二十年當柏拉圖的學院成員，然後在柏拉圖於西元前三四七年去世後離開了雅典。他周遊東愛琴海區域，然後除了其他事情以外，他還研究自然史。他在西元前三三八年回到雅典，建立了自己的哲學學校——「學園」（Lyceum）。他組織出一個廣泛的研究學程，跟我們現在所想的不同，內容不只是在哲學方面，也有生物學、憲法史、年代學，以及許多其他事物。他死於西元前三二二年，就在他據說教過的學生亞歷山大大帝死後一年。

・思索我們該如何生活

沃 他在學園裡教的其中一件事，是教如何活得倫理學，對於「我們應該怎麼活」這個問題，他的整體方法是什麼？

厄 也許我們可以從這個詞彙開始。亞里斯多德可能是第一個稱呼這個主題 *êthika*，這詞彙字面上的意思是對於性格的研究。對亞里斯多德來說，這是政治科學的一部分。這是政治科學最普遍性的面向，因為它企圖發現對一個人類來說最終極的善。亞里斯多德論證說，在我們達到那種善所需要的種種事物裡，包括了性格上的美德。所以那就是為什麼這種工作被稱為「論性格」，或者 *êthika*。而這些美德牽涉到適當的發展，以及情緒與非理性衝動的排序。

這些性格上的美德分為兩種。第一種是利己性的，關於一個人自身的善。舉例來說，勇敢牽涉到對恐懼與信心的適當指引；節制則牽涉到對身體衝動的適當指引。第二種是利他性的美德。這些美德關乎包括他人之善在內的個人之善。亞里斯多德論證說，既然我們有一種屬於社會的天性，我們的善包括與其他個人的友誼，而更普遍來說，還包括與社會與政治社群的連結。

沃　他相信如果適當陶冶這些美德，我們身為人類會興旺成功。對於興旺成功以及身為人類是什麼樣，他有很多話要說。他也認為有人性這樣的東西，是人性引起這種興旺成功。

厄　是，也許我可以從人性開始。亞里斯多德認為人性同時包括一個人生理與心理，在他或她受到理性思維形塑、滲透或引導的範圍內，同時有非理性與理性的兩種面向。對亞里斯多德來說，人性的完滿牽涉到人類理性與非理性面向的組織，這樣它們才能滿足人類整體的能力。這種完滿是亞里斯多德所謂「人性善」的條件，他也稱之為 *eudaimonia*。*Eudaimonia* 通常被翻譯成「快樂」，或者比較沒那麼適切的「繁榮成功」。「繁榮」是樹木能做到的事情：但根據亞里斯多德的說法，樹木不能設法達到 eudaimon；只有理性主體能做到。

所以 *eudaimonia* 就像快樂，如同我們一般理解的快樂，等同處在於它包含了心理元素：樂趣、安樂之感、滿足；不過不限於那些心理元素。它要求在適合一個理性主體的活動中取得的樂趣與滿足。所以，*eudaimonia* 跟你可能認為的快樂之間，就是在這方面有相同與相異之處。

‧中庸：理性與非理性的和諧

沃　造就出 *eudaimonia* 的美德，必須根據中庸原則（the Doctrine of the Mean）來行使。什麼是中庸原則？

厄　這個原則的重要性可能被誇大了。某些人把它理解成一種建議，以所有事務的節制為目標：這個詞彙是聖保羅說過的某句話的誤譯，而那也是對亞里斯多德的錯誤詮釋。亞里斯多德的意思是，性格的美德並不只存在於表達一個人可能來自天性或教養的衝動。另一方面，這種美德也不只是對這些衝動做出禁欲式的壓抑。那是介於「讓一切都亮出來」與壓抑一切之間的某種東西。在這方面，它是處於中間，一種居中之物，或者中庸狀態。這種中庸是在實用理性的指引下，達成非理性與理性衝動的恰當和諧。

以勇敢為例：勇敢的人不會試圖徹底壓抑恐懼。勇敢的人是在正確條件下、為了正確理由會害怕的人，但在害怕會干擾恰當行動的時候就不會。所以，中庸的一般主張就是這樣應用在這種特定美德上。

・亞里斯多德式的道德復興

沃　亞里斯多德在他的時代跟之後都具有極大影響力。你可以概述他影響了哪些方面嗎？

厄　或許我可以談談亞里斯多德在倫理學上兩次特別的復活或復興時期。第一個可以追溯到大約從十三世紀到十七世紀，所謂的經院哲學時期。跟名字帶來的聯想相反，這是基督教哲學家與神學家針對亞里斯多德倫理學，做出極富創意的發展與系統性的分析工作：這段時期大致上從十三世紀中的阿奎那（Thomas Aquinas），延續到十七世紀初的法蘭西斯柯．蘇亞雷茲（Francisco Suárez）。

第二段復興時期是在十九世紀，主要人物是黑格爾與馬克思，還有英國的黑格爾派學者，尤其是T．H．葛林（T. H. Green）與F．H．布萊德利（F. H. Bradley）。他們仰賴亞里斯多德，來壓倒在經驗主義與理性主義傳統之下，道德學者做出的錯誤假設：經驗主義這邊的代表是休謨，理性主義這邊則是康德。他們同樣仰賴亞里斯多德，來壓倒他們認定十八世紀保守與自由派政治理論都有的錯誤政治假設。

沃　亞里斯多德不只是影響了那兩個時期的哲學家，他還繼續影響現在的哲學家。

厄　對，而且我可以舉出一兩個例子。首先，道德哲學家已經對性格與美德研究重新表現出興趣；那些是牽涉到以某種方式**存在**，或者過某種類型的生活，而不只是以某種方式**行動**。其次，某些政治哲學家發展出一種對自由政治理論的社群主義式批評，這顯然可以追溯到黑格爾對自由主義的批判，但在那之後，還可以回溯到亞里斯多德。

・反駁自由主義的論爭起源

沃　你可以多闡述一下這一點嗎？什麼是社群主義式的取徑，為什麼是亞里斯多德式的？

厄　根據自由主義式的觀點，一個人應該把一個國家想成一種達到並保護個人利益的方式。社群主義式的觀點要回溯到亞里斯多德的主張：人類在本質上是社會與政治的。根據這個觀點，國家的適當目標是達到人類的善，並且由此來設計制度並訓練人，以便陶冶亞里斯多德談到的各種美德。這種觀點可能有從自由主義觀點不會推論出來的特定社會與政治後果。所以在當代政治理論裡有個論爭，靈感顯然來自亞里斯多德。

沃　你奉獻了大量時間研究亞里斯多德的倫理學，他在這個領域裡說對了什麼，又有哪些方面是你會想要揚棄的？

厄　我對他的立場給出的描述，是打算採取一種同情的態度。我不想揚棄他，只想糾正他的某些論點。也許我可以挑兩件事。最明顯的是，亞里斯多德認為只有少數人天生具備條件，能達成他認為的最佳生活。我們對人類以及社會對他們的影響知道得夠多，足以知道他錯在哪裡。所以簡而言之，我們需要從平等主義的觀點去了解亞里斯多德，而在此馬克思對亞里斯多德的挪用特別重要。

第二點是這個。亞里斯多德認為一般的實用推論，特別是道德推論，終極關懷的是一個人自身的善，或者個人在其中找到自己的善的社群之善。他應該要體認到實用推論不只如此。他應該要體認到人也有責任跟權利，跟這些善是判然有別的。用術語來說，我們需要**義務論式**實用推論，也需要**目的論式**實用推論；或者用歷史學詞彙來說，我們需要康德，也需要亞里斯多德。

沃 有些我們歸諸於別人的東西，之所以歸諸於他們，不是因為那樣會讓我們過得更好、或讓他們過得更好、或讓整體社會更好。舉例來說，如果人該有一定程度的表達自由，如果那是他們擁有的權利，那就不是你必須靠著指涉到任何人的善，才能證明理所當然的東西。這是你在亞里斯多德作品中找不到的論點；反而是康德強調的一個論點。在我說亞里斯多德漏掉道德的一個重要面向時，我是這個意思。

沃 我可以想像有人讀到這裡，心想從歷史上來說這一切都很有趣，不過像亞里斯多德這樣的哲學家在當代有任何重要性嗎？為什麼我應該研讀亞里斯多德？他對於我們當代的道德議題提供什麼樣的啟發？

厄 道德哲學有個實際的論點，不過不必然會告訴你此時此地做什麼，或者此時此地要投票給誰。那些是有時用來做道德詭辯、有時用來做政治思維的問題。不過道德哲學能提供原則，有可能以此指引我們規畫出正確的實際問題，或者幫助我們評價行為、制度，或者一個社會的設計。這些種類的原則規定，是它的實際重點。針對哪些種類的原則有其重要性的問題，我可以發表一些意見嗎？

沃 好，請說。

・如何過好生活的引導

厄 讓我挑兩個跟我剛才談過的事情有關的問題。第一個問題是：教育是為了什麼，還有教育應該包括什麼？舉例來說，應該只教人有助於在經濟體裡發揮功能的技巧嗎？教育就只有這樣嗎？或者他們應該學習如何過好生活？可以教會他們去過好的生活嗎，在沒有教條灌輸的狀況下可以教會他們這一點嗎？在這個辯論中，亞里斯多德相當強烈地站在介入主義者的這一邊。他認為學習過好生活是可以被教導的，而且這是國家要承擔的適當功能。

第二個問題：什麼是思考道德的正確方式？尤其是我們是否應該設法訓練人去限制對自身利益的追求，考慮到其他人？

這個問題的另一種問法是：我們是否應該學著在思索自身利益時，體認到我們也是在關注他人之善的範圍內追求自身利益？這是一種熟悉的思路，人在想起自家人或密友的同時，去思索自身利益與他人的關係，就會這樣想。不過，相較於更大的人類群體，即你不認識的那些人，把自身利益與他人利益等同的這種想法是明智的嗎？對於這個問題，亞里斯多德式的答案肯定是「對」的：利益與友誼認同的模型，會延伸到更大的人類群體。如果這樣是正確的，這種看待道德的方式很有挑戰性，而且會影響到我們對於責任、自我犧牲、關懷他人這類事物的想法。

沃 所以根據亞里斯多德，追求你自己的利益會嘉惠其他人？

厄　倒過來說會比較清楚：在追求他人的利益時，你追求的是你自己的利益，這就是為什麼其中沒有衝突。在家長替他們的孩子做某件事的狀況下，這不太難理解。如果你說，「你在替別人（你的孩子）做某件事，而且那樣對你不好」，家長可能會說：「這太荒唐了。對孩子好的事情對我也好。」在那種狀況下沒有利益衝突。

亞里斯多德的洞見，或者可能是亞里斯多德的一廂情願，是主張這種模式也解釋了關注他人利益的其他狀況。這種模式符合的不只是親子關係或朋友關係，甚至還包括你跟不認識的人之間的關係。這是一廂情願或者一種洞見，對於我們如何思考道德是一個重要的問題。

泰倫斯・厄文（Terence Irwin），不列顛學會會員，是牛津大學古代哲學教授兼基布爾學院（Keble College）研究員。他著有《亞里斯多德的尼各馬科倫理學》（*Aristotle's Nicomachean Ethics*，Hackett 出版社）、《古典思想》（*Classical Thought*）與《倫理學的發展》（*The Development of Ethics*）全三卷（牛津大學出版社）。

· 4 ·

聊聊湯瑪斯·阿奎那的倫理學

安東尼·肯尼vs沃伯頓

大衛・愛德蒙茲引言

中世紀最重要的哲學家湯瑪斯・阿奎那，他生於十三世紀一個稱為西西里王國的地方。他上過好幾間大學，其中包括拿坡里大學。在接受成為神父的訓練並加入道明會以後，他成為一位神學家。他寫作的主題涵蓋範圍極大，包括對神存在的好幾種證明做出詳盡的檢視。在這裡，研究湯瑪斯・阿奎那的專家安東尼・肯尼，要跟我們討論阿奎那談倫理學的作品。

・亞里斯多德進入基督教的橋梁

奈傑爾・沃伯頓（沃） 我們現在聚焦的主題是湯瑪斯・阿奎那，尤其是他的倫理學。你可以先迅速描繪一下阿奎那嗎？

安東尼・肯尼（肯） 阿奎那活在十三世紀中葉，這是中世紀中期的最高峰。他是個道明會修士，大半輩子都在大學裡度過，像是新成立的巴黎大學。大學在那時候是新的，就像化緣修士跟傳道修士一樣是新制——方濟會修士與道明會修士。在兩者之間，他們多多少少形塑了十三世紀的知性生活。

阿奎那的偉大貢獻，在於他調和了亞里斯多德哲學與基督教神學。在他的人生初期，亞里斯多德大半是被教會當局禁止的；到了他的人生終點，亞里斯多德的大半文本都是大學裡的必讀材料。而這種改變大半要歸功於阿奎那的天才。

沃 阿奎那從亞里斯多德倫理學裡汲取了什麼？

肯 亞里斯多德的倫理學大半是奠基於快樂的概念，奠基於對人類來說最值得的人生是什麼。亞里斯多德認為最值得的人生，牽涉到各種美德的運作。這同時包括了一般的美德，像是勇氣與節制，但也包括知性的美德，像是對科學與哲學的追求。他認為在一個完滿的人生中，人會藉著把他們最擅長的事情做好，達到快樂。

如果你認為快樂是不同美德的運作，那麼當然了，你必須解釋美德是什麼，還有為什麼追求它會是樂事。許多世代的許多大學生都曾讀過亞里斯多德的《尼各馬科倫理學》，並且學到亞里斯多德對這個主題有什麼話要說。

在此，這也是阿奎那倫理學的主要基礎。阿奎那的倫理學也是以快樂為基礎，是「幸福論式的」（Eudaimonistic）。但當然了，身為基督徒，阿奎那多加了一個層次的快樂。有鑒於亞里斯多德式快樂原則上是在現世中可以找到的，但不完全，對阿奎那來說，完美的快樂要等待天國的福佑。不過對於亞里斯多德描述中在塵世度過人生的最佳方法，他非常贊成。

・快樂並不是一種感覺

沃　雖然如此，我們應該清楚：對於亞里斯多德來說，快樂並不是至福的心理狀態，阿奎那想必也如此認為。這不只是一種感覺。

肯　這樣說相當對。這與今日最流行的倫理學形式有個重大的不同。現今有一種非常普遍的倫理學形式是效益主義，這是由邊沁創立的，他是十八世紀末到十九世紀初的英國哲學家。邊沁同意亞里斯多德，快樂是基礎概念，是所有道德的基礎所在。在邊沁的例子裡，他寫道：重要的是最大多數人的最大快樂。不過邊沁對於快樂，有非常不同於亞里斯多德與阿奎那的觀點。亞里斯多德與阿奎那雙方都認為快樂是一種活動，而不是一種感覺，而對理性的存在來說，至高快樂是一種知性活動。然而對邊沁來說，快樂就是跟感覺一樣，他並沒有在樂趣與快樂之間畫下界線。

這個觀點造成的一大差別，關乎你是否相信人類與其他動物之間有的那種關係。對亞里斯多德跟阿奎那來說，既然快樂與美德是理性力量的運作，只有人類屬於這個道德社群之內。然而，如果道德的基本原則仰賴樂趣與痛苦，那麼動物必定屬於同一個道德社群，因為牠們也可以感受到這些感覺。

亞里斯多德與阿奎那認為動物不是道德社群的一部分，但從這個事實，並不能推論出你可以虐待動物。我們可能對於不屬於我們道德社群的生物有責任。在我說牠們不是我們這個道德社群的一部分時，我的意思是牠們沒有義務。對阿奎那來說，在你有義務的時候你才能有權利。當然，阿奎那也不認為神是我們道德社群的一部分。神是超乎於其上的，就像動物是低於其下的。不過那並不表示我們也對神沒有責任。

・揉合異教徒的美德與聖經十誡

沃　阿奎那怎麼樣發展亞里斯多德的觀念？

肯　身為一個基督徒，阿奎那有些額外的美德可以附加到亞里斯多德的異教徒美德之上。有個來自聖保羅使徒書的著名三德：信、望、愛。信是對於基督教天啟的信念；望對基督徒來說，就是天堂；愛是對神與鄰居的愛。他認為這些絕對不會跟亞里斯多德式的美德起衝突，雖然這三德是更加崇高偉大的東西。它們建立在其他亞里斯多德式美德之上，但並沒有加以取代。

沃　在基督教神學裡，對於你的行為舉止應當如何有絕對的命令——顯然，就是十誡。阿奎那是否認為，對於我們可以做什麼有絕對的禁令？

肯 對，他確實這麼認為。就像亞里斯多德一樣。亞里斯多德詳述他的中庸之道時，他講到有些事物並沒有「正確的份量」。舉例來說，任何數量的謀殺或通姦都太過分了。不過在阿奎那生活的脈絡裡，道德可以說是奠基在十誡、在法律的概念之上。阿奎那所做的是設法把猶太—基督教的律法概念組合起來，當成道德的基礎，亞里斯多德式的美德概念則被當成道德中的關鍵元素。後來的基督教思想家，一直到宗教改革為止，甚至在那之後，對法律的強調都還勝過對美德的強調。康德是把法律（以及義務）概念視為道德核心概念的完美典型。他確實討論過法律。他討論過成文法，也討論過自然法，他認為神把後者植入了我們所有人心中，但他更多的倫理學論文是跟美德相關，而不是法律。

・效益主義者對最大數量善的執著

讓我們暫時回到邊沁與效益主義。在邊沁與亞里斯多德、阿奎那、康德這兩大陣營之間有個很重大的區別。後面這三位全都認為，有某些種類的行為無論後果如何，你都不該做。然而對於邊沁與效益主義傳統，後果是某件事對或不對的測試。這個重要差異在當代道德辯論中仍舊存在。有一些人是認為人絕對不該做某些事情的絕對論者，許多人會說，酷刑折磨與強姦永遠不可能被證明有正當性。不過如果你是個徹頭徹尾的效益主義者，你會說：「不，在某些特定狀況下（幸運的是這些情況少之又少）酷刑折磨與強姦也許可以被證明有正當性。」

・遵從你的良心

沃　你提到阿奎那的低階原則，實際上相當包山包海：你可以讓我們稍微瞭解一下那些原則嗎？

肯　他經常討論的一個重要議題是良心扮演的角色，還有你是否應該永遠遵從個人良心的問題。有很多人認為，只要遵從你的良心，一切就沒問題。阿奎那反對這一點。你的良心很有可能資訊不足，而你有義務要讓它得到更充足的資訊。他說，如果你不遵從良心，你正在做錯誤的事。但光是你遵從良心的事實，並不必然表示你所做的就是對的。這跟幾個當代議題有關。很多人相信在前任英國首相布萊爾對伊拉克宣戰時，他是在遵從他的良心。可是阿奎那會說，這樣並沒有確定布萊爾先生的行為對或不對，我也同意他的說法。

・訴諸自然理性的非典型神學家

沃 阿奎那最為人所知的身分可能是神學家。有辦法追隨阿奎那的哲學，卻不必皈依基督教嗎？

肯 確實可以。最近某些論阿奎那的最佳作者都不是基督徒。很容易在無需接受基督教前提的狀況下追隨阿奎那。

在哲學史上，阿奎那是在兩種神學之間，就是他所謂的天啟神學與自然神學，做出鮮明區別的第一人。天啟神學的前提，是取自某些聖書或教會的權威教誨。但阿奎那說，有另外一種神學，是哲學的一個分支，就算認為這些前提為真，還是避免使用。這種神學只從可以由理性證明的事物開始，不訴諸任何據稱的天啟。

他寫了一本《哲學大全》（*Summa Contra Gentiles*），是為了不信者而寫的教誨摘要。《哲學大全》的設計明顯是用來跟猶太人與穆斯林對話。他在這本書開頭說，當你以猶太人為對象，寫下反對猶太人的內容時，你當然會引用希伯來聖經。可是我們沒有任何跟穆斯林共通的書籍，所以無論你面對的是猶太人還是穆斯林，最佳的做法是只訴諸於自然的理性與常識。

・文明地論辯

沃 你聽起來對阿奎那的路線相當有認同感，尤其是跟效益主義相對的時候？

肯 對。首先，我認為他的倫理學整體路線是正確的，賦予快樂與美德的重要性甚於法律。我也認為他對於特定低階議題的處理方式，常常是非常細心敏感的。他的寫作風格是奠基在中世紀辯論之上：中世紀辯論的一種學術練習是，兩名研究生會彼此辯論，然後教授會裁定他們之間的辯論，非常像是習慣法法庭中的兩造對抗。而且可能是法庭模仿經院哲學的做法，而不是反過來。

這種對抗式風格的哲學是相當好的風格，而阿奎那在開始處理一個主題的時候，總是先從他將辯護的立場相反的那一邊開始闡明，然後呈現支持該立場的論證。在你查閱阿奎那，要看看「神是否存在？」的論證，你讀到的第一件事就是「看來並不」。這樣想是非常好的知性訓練：「現在另一方有什麼話可說？」他的哲學途徑驚人地明智。他總是設法平衡兩邊的論證。如果他在跟某個人辯論，他通常會設法讓他們盡可能好好表現，即使他不同意他們。

阿奎那值得讓我們用他對待亞里斯多德的方式來對待他。他從亞里斯多德那裡學到很多；他從來不怕牴觸亞里斯多德，卻用一種很文明的方式為之。我們應該用他對待亞里斯多德的行為來對待他。

沃 大多數研讀哲學的學生，是在神學或宗教哲學的脈絡下碰上阿奎那。然而有些跡象顯示，他作為一個哲學家，重要性比十或十五年前來得高了。

肯 我想是這樣沒錯。今天早上，我正在讀泰倫斯·厄文教授（牛津大學）的大部頭倫理學史，而我很佩服地看到他在談阿奎那倫理學的時候，花費的篇幅是談亞里斯多德倫理學的兩倍。他這樣做可能是對的。不過十年前很難想像會發生這種事。

安東尼·肯尼（Anthony Kenny）是牛津巴利奧學院的哲學導師，後來成為院長。他是不列顛學會前任會長，也是大英圖書館董事會主席。他是牛津大學書版社四冊《新西方哲學史》（*New History of Western Philosophy*）的作者。

· 5 ·

聊聊馬基維利的《君王論》

昆丁· 史金納 vs 沃伯頓

大衛·愛德蒙茲引言

義大利外交家兼《君王論》作者馬基維利，是菁英的一份子，這些菁英包括佛洛伊德與卡夫卡，他們讓自己的名字變成了一個形容詞。所以當一個真正的馬基維利主義者是什麼樣？馬基維利鼓吹的治國之道是什麼樣的方法，為何他如此主張？沒有其他人選比著名的觀念史學家，昆丁·史金納更好的了。

奈傑爾·沃伯頓（沃） 我們今天聚焦的主題是政治思想史上的其中一本巨著，馬基維利的《君王論》。你可以談談馬基維利這個人嗎？

昆丁·史金納（史） 馬基維利起初完全沒期待以政治理論家的身分被記得。他剛開始追求的是外交官生涯，但這條路在一五一二年粗暴地被打斷了，從那時開始到一五二七年死去為止，他在這段期間內寫出現在廣為人知的作品。他不只是以政治理論家的身分寫作，也是詩人及劇作家，而他的其中一部劇本《曼陀羅花》（*Mandragola*），可能是寫於一五一八年，到現在仍在舞台上演出。不過我們最主要把他視為一五一三年出版《君王論》（*Il Principe*）的作者，這是在前一年他因為佛羅倫斯改朝換代失去官職以後立刻寫出的。

・早期的外交官生涯

沃 所以他在成為一位政治理論家以前，是以外交官的身分工作？

史 對，沒錯。我把他的早年生活想成兩個部分。他生於一四六九年，但直到一四九八年為止，幾乎沒有任何已知資料。我們知道他父親是一名律師，確保讓兒子接受了良好的人文主義教育，不過基本上要到一四九八年他突然在佛羅倫斯政治圈飛黃騰達，才會聽說關於他的事。那年教皇受夠了薩佛納洛拉[6]，這位修士從一四九四年法軍入侵、逐走梅蒂奇家族以後，實際掌控佛羅倫斯。教皇編造出對他的異端指控，薩佛納洛拉被燒死在火刑架上。那就是馬基維利突然間發跡的時刻，而現存最早由他所寫的書信之一，就是關於薩佛納洛拉政權的崩潰。馬基維利當時才二十八、九歲，不過在一四九八年新共和政權在皮耶羅・索德里尼（Piero Soderini）治下成立時，馬基維利立刻被指定為第二衡平法院祕書。

6 薩佛納洛拉（Girolamo Savonarola，1452-1498）是十五世紀末佛羅倫斯的一位道明會修士，反對世俗享樂與宗教腐敗，鼓吹拋棄世間財富追求神的救贖，深受貧民歡迎，一度在佛羅倫斯掌權，但因為道德管控過於嚴厲影響人民生計，逐漸失去民心，在被教皇開除教籍後，失勢被佛羅倫斯人民逮捕處死。

沃 以他在那個城邦的位置，他會做的是哪些種類的事情？

史 身為第二衡平法院祕書，按照職權他也是所謂的（十人委員會）Dieci委員。十人委員會負責共和國的外交與國際關係。馬基維利不是貴族，所以他不能當大使，但他當過許多使館的祕書。早在一五〇〇年他被派至法國，因為傳統上是法國盟友的佛羅倫斯人，想知道法國對義大利的意圖為何。馬基維利在這趟旅程的許多場合晉見過法國國王路易十二。兩年後，他獲選到切薩雷・波吉亞的宮廷去；波吉亞的領地在羅馬涅地區內，是由他父親教皇亞歷山大六世賜給他的。教皇照理說不該有兒子，但這位教皇有。佛羅倫斯擔憂切薩雷可能會進軍越過他們的領土，還有可能會大肆破壞，馬基維利就被派去弄清楚他的計畫，然後回報國內。

・看遍君王百態

然後在一五〇三年，馬基維利被派去報導羅馬的教皇選舉，羅維雷樞機主教獲選為教宗儒略二世時，就是他把消息傳回佛羅倫斯。在一五〇七年，他去了神聖羅馬帝國皇帝馬克西米連的朝廷，也晉見過這位皇帝。這些派駐行程繼續下去：在一五一〇年他回到法國，然後再一次晉見路易十二。所以他見過法國國王、見過教宗、見過皇帝，而他對於這些政治家的許多反省，都收錄在《君王論》裡。

如果我們進入《君王論》，會發現馬基維利對這些領袖看法非常差。照他在第三章所做的解釋，法國國王完全搞砸了對義大利的入侵行動。對於馬克西米連，他在第二十三章說從來沒人知道這位皇帝打算幹嘛，本人是最不清楚的那個：他宣稱要著手進行某項政策，但接著別人來跟他說了些什麼，他就立刻改變心意。在第二十五章提到儒略二世，說他雖然成功，不過是因為運氣好：他基本上是個戰士，這是當時所需要的，但如果其他性質合宜，他很快就會失敗。在那個年代的政治領袖之中，馬基維利唯一仰慕的是切薩雷．波吉亞，但正如《君王論》第七章裡指出的，就連切薩雷到最後都一敗塗地。

沃 馬基維利怎麼會寫了《君王論》？他怎麼樣從一個外交官，轉變成一個作家？

史 就在一五一二年，教宗儒略二世簽署了名聲不佳的「神聖聯盟」之後，他被迫做出這個轉變，這個聯盟結成的影響，是把西班牙軍隊帶進義大利。他們很快就把法國人逼走了。傳統上是法國盟友的佛羅倫斯人，受到邊境被洗劫的威脅，立刻就屈服了。梅蒂奇家族回歸，許多曾經為共和國服務的人都被遣退。的確有些人留下來了：馬基維利的幾個貴族朋友仍然受僱於新政權。但馬基維利不幸被誤認（就我們所知是誤認）在梅蒂奇家族剛重獲權力時，參與了反梅蒂奇家族的陰謀。所以他被捕入獄，受到可怕的酷刑折磨。直到一五一三年初，因為一位梅蒂奇族人成為教皇而舉行的一場大赦，才讓馬基維利獲釋。不過他接下來就在國內被流放。他必須回到位於佛羅倫斯南部的農場上，他自問以他的精力與文學能力，他應該做些什麼。所以在一五一三年初他安頓下來寫一本書，談他在身為政治生活觀察家的時期裡學到的東西。

沃 他想像跟過往的偉大思想家，還有他遇見過的人進行這些對話，作為寫作過程中的一環嗎？

史 對，這非常有意思。有一封著名的信件，是他在一五一三年十二月寫給他的朋友法蘭西斯柯．維多利的，在信中解釋了他的寫作習慣。他想了解羅馬偉大的道德學者塞內加與西塞羅，還有偉大的歷史學家李維、薩盧斯特與塔西陀，他們的治國祕訣。這些是他正在讀的學界權威。但為了談到他們，他說他必須等到一天結束，走進書房，穿上特殊的袍子，然後問他們在這些狀況下覺得能夠回答的問題。

沃 《君王論》對我們來說是一本不尋常的書，不過仍在一個公認的類型範圍內。

史 絕對是。這本書的組織方式完全符合傳統。在馬基維利寫信給維多利的時候，他告訴維多利，他正在寫一本叫做「關於公國君主」（*De Principatibus*）的小書。很有趣的是，他給這本書取了一個拉丁文書名，因為《君王論》有個值得注意的地方是，它是用義大利文而非拉丁文寫成的。但如同你說的，他讓他的作品符合一種已經備受認可的類型。喬凡尼．彭塔諾在不久前寫了一本叫做《關於君主》（*De Principe*）的書，法蘭西斯柯．帕特利奇也寫了一本類似的書，叫做《關於國王》（*De Rege*）。這類告誡並建議統治者的作品在文藝復興時期的義大利很普遍，馬基維利的《君王論》，只是這種「帝王之鑒」的另一實例。

・給新手統治者的教戰手冊

沃 所以馬基維利寫《君王論》在智識上主要的目標是什麼？

史 好，這是個關鍵問題。他一直到倒數第三章，也就是第二十四章，才具體回答這個問題，他說是特別為新任君主寫書，目標是讓他們看起來像個老君主。他用「老」這個字的意思是「地位確立」，因為如同他在書開頭說過的，他相信如果你繼承了公國，要是不能維持你的地位是非常無能的。你成為新任君主的時候大問題就出現了，而他的建議就是為那些陷入這類困境的統治者而設計的。

沃 所以如果這是一種給新君主的虛張聲勢指南，這就牽涉到掩飾作假：你必須假裝你是某種你並不是的人。在書中這個主題有多重要？

史 在某方面來說，這完全是本書中心。但我認為首先要注意，他給新君王的指南是比較明確要講給某個特定家族聽的，事實上就是梅蒂奇家族。此書是獻給朱利安諾・德・梅蒂奇（Guiliano de Medici）的，他是一五一二年復辟的年輕君主之一。但他死了，然後馬基維利在一五一六年修訂此書，重新獻給相當優柔寡斷的羅倫佐・德・梅蒂奇（Lorenzo de Medici）。他們不是非常可信的偉人候選人。雖然如此，馬基維利在《君王論》結尾處說的是，他相信他們可以企及他所說的雙重榮耀（*Gloria duplicata*）。他說，如果他們成功地在佛羅倫斯創建一個新國家，然後用良好的法律修飾它，就能達到這種成就。請注意對榮耀的強調。對馬基維利來說，問題永遠是君王如何可以期望看起來不只是強大，同時還高尚又充滿榮耀。他們應該把目標放在不只是攫取掌握權力，還要向每個人展現出「權力與榮耀」。

沃　根據你剛才所說的話，對於這本書的一種解讀是：這是非常特定寫給某一個人的書，它的目標讀者只有一個。

史　這是個很好的說法。當然，馬基維利相信他說的話可以普遍應用在取得權力的統治者，不需限定是合法上台的。不過你說得對，他對一個統治者特別有興趣。就像大家對於《君王論》常有的說法，這實際上是一份應徵工作的申請書。馬基維利想重回權力核心，他想要向佛羅倫斯的新政權毛遂自薦。在與他朋友維多利的通信裡，非常急於把書呈給梅蒂奇家族的君主。維多利讀了這本書，顯然被嚇壞了，一直拖延他。這可能沒什麼好驚訝的，因為在你們讀這部作品的時候，就會看出這一點了，就像有時候大家會說的一樣，這本書看起來幾乎像是諷刺文，是設計出來要誤導君王的，因為那些建議實在完全不符傳統，雖說形式是完全符合傳統。跟J．R．海爾（J. R. Hale）說過的一樣，它就像是藏在祈禱書裡的炸彈。

・維持權勢是第一優先要務

沃　「符合傳統」在此想必是某種像是基督教道德的東西。《君王論》並不鼓吹直接的憐憫與仁慈等基督徒所珍視的那些事情。

史　對，沒錯，不過我會想要說明得更精確。在你開始讀這本書的時候，你得知的是，雖然作為君王的終極目標是榮耀，首先必須知道怎麼穩定你的城邦。貫串《君王論》全書的一組詞彙是：mantenere lo stato。當然，這意思不是「維持城邦」——這麼說會產生一種時序上的錯誤——而是維持他身為君主的地位，維持他的立足之地與掌權的位置。你必須知道如何避免法國人口中對國家的一擊，一種政變（coup d'état，法文字面意思就是「對國家的一擊」）。你必須最先確保的是不會被推翻。

沃　根據馬基維利，一位君王應該如何達到穩定？

史　任何嘗試達到情勢穩定的君王都要面對一個危險的敵人，一個他必須學會應付的敵人。整部《君王論》到處都提到這個仇敵，而它的名字就是運氣（Fortuna）。君王需要體認到要達成穩定，他們必須是幸運的。馬基維利提出的一個深入論點是，身為一個成功政治家卻沒有驚人的好運，天底下沒這種事。但他也相信——引用那句有用的美國片語——有可能會「得到幸運」（get lucky）。

幸運是那股徹底捉摸不定之力的名字。你無法仰賴它，它是理性的相反，但你必須考慮它，因為不幸可能完全顛覆你，就像發生在切薩雷．波吉亞身上的事。馬基維利在第七章中說，他把切薩雷拿出來當例子，說明一個君王為了維持地位、取得榮耀該做的一切。然而切薩雷在敵人來對付他的時候，偏偏得了重病。現在，就像馬基維利補充說明的，這不過是幸運之神極端惡意的一個例子。但這就意味著切薩雷失去了他的地位。所以幸運就是那股不管你計畫得多好，永遠都可以粉碎你的力量。但是根據馬基維利引用李維的話：「幸運之神眷顧勇者」（Fortuna fortes adiuvat），你需要知道怎麼得到幸運，怎麼樣成為可以期望走運的勇者。

・用男子氣概駕馭幸運女神

沃　所以在這種意義上，你要怎麼變得幸運？

史　這帶領我們到了這本書的道德核心。你需要做的事情是陶冶馬基維利所說的一種品質，virtú。那是他對拉丁字 virtus 的翻譯。Virtus 指的是 vir 的性質。Vir 在拉丁文裡意思是「人」，但在拉丁文裡「人」有兩個字可用。一個是 homo，這意味著男人或女人，人類的一個成員。不過另一個字是 vir，指涉的是很有男子氣概的男人，也是英語裡 virile（有男子氣概的）這個字的來源。馬基維利是在說，要得到幸運，你必須是那種男人。關鍵性的概念是用 virtú 去控制運氣。

所以，對馬基維利來說，問題是透過有男子氣概的特質，你能期望跟幸運之神聯盟、甚至駕馭她多久？他的答案是「幸運是個女人」（La Fortuna e una donna）。要掌控她，你必須永遠大膽，像個想要征服一個女人的年輕男子（這是馬基維利講的，不是我講的）。你絕對不能退縮，總是要採取行動。他在晚期的一封信件裡，最清楚明瞭地提出這個論點，讓我們看到他的最佳雋語之一：「先行動再後悔，永遠都比後悔沒行動來得好。」

・獅子與狡狐

沃 這種「男子氣概」，不只是身為一個行動者而已。當然，你必須以某些特定方式採取行動。

史 對，沒錯。有兩種你必須採取行動的特定方式，而在此馬基維利開始論證反駁古典權威，尤其是針對君王恰當行為的人文主義式理解。關於這些作家，他說他們完全忘掉的一件事情是，通往政治成功的一把鑰匙永遠都是擁有武力、擁有純粹權力的蓄水池，而且要準備好使用它。人文主義政治理論中多麼缺乏這方面的說法，肯定很值得注意。舉例來說，伊拉斯謨斯（Erasmus）給基督徒君王的建議之書在幾乎同時寫成，那就是一篇和平主義論文。他說如果必須使用武力，你完全放棄成為一位君王的打算還好一點。對馬基維利來說，那是最嚴重的異端邪說，就像他在《君王論》第十二章到第十四章中闡明的，他在那幾章裡要求統治者應該也是軍事領袖。在這個時期，這是個不尋常的要求，當時使用專業傭兵軍隊已經變成常規了。不過馬基維利激烈反對這個政策，而且總是堅持君王必須也是自己城邦軍隊的指揮官。

沃 不過武力不只是對外指向其他軍隊的潛在威脅，對內也指向城邦之內吧？

史 對。不過你應該不計代價嘗試避免對自己的人民使用武力。反而必須了解你應有的第二種行動方式，這種方式牽涉到理解何種道德性質對一位君王適用。古典羅馬作家，其中最重要的是西塞羅與塞內加，他們曾經對這個問題提出一個非常強有力的答案。在塞內加所說的君王規則之中，virtus 的第一要素是慈悲（clementia）的性質。第二個是慷慨大度（liberalitas），就像我們會說的，「君王般的」慷慨大度。不過最重要的是，一位真正的君王據說是一個言出必行的人，他遵從誠實（fides）。在《君王論》中的重要樞紐時刻，是馬基維利突然在第十五章告訴我們說，這整套說法是錯的。

沃 這是錯的，因為你應該利用會被認為迂迴狡詐的手段，來達成目的。

史 對，那是其中一部分，不過這之所以錯誤有兩個理由，而馬基維利的評論者很少注意到其中一個。他相信的其中一件事情是，慷慨大方（他在第十六章轉而討論這個）還有仁慈寬厚（他在第十七章討論這點）可能真的是令人欽佩的美德名稱。但他相信，我們並不了解這些美德。給出大量金錢的君王認為他們很慷慨。他們不自問，這些錢是從哪裡來的。但錢一定是從人民那裡來的，必須苛扣重稅，才能讓這種君王的慷慨成為可能。馬基維利說，但這不是真正的慷慨大方。這是他所謂的奢侈（suntuosità），這不是美德而是惡行，會導致你為人所憎恨，而不是受人仰慕。

仁慈寬厚也一樣。重視仁慈寬厚的君王，認為這種美德存在於總是原諒你的敵人。但馬基維利認為正確的仁厚之道，是從一開始就給敵人下馬威，好讓你隨後可以仁慈一點。他舉了一個會震驚最初那些讀者的例子，因為他批評一位偉大的古典英雄，羅馬將軍西庇阿，他的知名事蹟是寬恕了一次叛變。馬基維利斥責道，第二次叛變因此隨之而來。馬基維利堅持西庇阿並沒有展現出真正的仁慈，因為他的反應整個太過輕鬆隨便了。這種品質也不是一種美德而是一種惡行，而且會導致你受人輕視而非仰慕。

然而你完全是對的，馬基維利主要想說的是，永遠遵守諾言、絕對不用迂迴手段的君王理想，是最深刻的錯誤。這個理想之所以是錯的，是因為根據馬基維利，那種作為基底的男子氣概理想是不夠的。在此他再度轉向攻擊羅馬時期權威。西塞羅曾在《論義務》（*De officiis*）的第一卷裡定下原則：有兩種造成不正義的方式。一個是透過動用武力，另一個是透過運用欺騙。西塞羅說，武力把我們貶低到獅子的水準，欺騙則讓我們墮入狐狸的水準。這兩者是獸性的品格，換句話說，不是有男子氣概的品格，在文明生活中是沒有地位的。

馬基維利在第十九章的一個很著名的諷刺段落裡說，如果你想維持地位，就必須有所準備，既能做出有男子氣概的行為，也能做出獸性之舉。所以你最好學會模仿野獸。而馬基維利宣稱，那些學會同時模仿獅子與狐狸的君王做得最好。換句話說，古典的男子氣概理想是不夠的。在羅馬皇帝之中，馬基維利認定的英雄是賽普提米烏斯・賽維魯（Septimius Severus），他在第二十一章說這位皇帝的舉止有如猛獅與狡狐，因此得到每個人的畏懼與尊重。

沃　而模仿這些動物的動機，是因為這樣最有可能達到你想要的結果嗎？

史　正是。那些品質不只讓你能夠維持地位，還能夠取得你也應該尋求的榮耀。你應該盡可能遵循那些有男子氣概的美德，但也應該知道，在馬基維利所謂有必要的時候，要怎麼樣殘酷野蠻。所以馬基維利是在告訴他那個年代的君王，照他的說法，他們基本上需要知道如何反覆轉向，如何順著命運之風調整風帆。有時候你最好遵守承諾，有時候最好不要；有時候可以擁護美德，有時候該加以無視。

・仁慈與信守承諾並非統治必需品

這樣聽起來可能像是馬基維利在頌揚暴行，而常有人這麼說他。但我想那是個錯誤。在《君王論》的第八章，他講了個故事，主角是敘拉古的阿加托克利斯，他說阿加托克利斯只會用粗暴的方法，而這讓他成功地保住地位。但馬基維利補充說，透過這些手段，阿加托克利斯得到了「權力但無榮耀」（imperio ma non gloria）。胸懷大志，不但要穩定局勢還要取得榮耀的君王，一定要知道什麼時候最好殘酷、貪婪而虛假，不過他一定也知道怎麼樣盡可能少用這些惡行——

馬基維利指責這些惡行的邪惡時從未猶豫。一個成功的君王總是會設法為善，或者至少設法**看起來**是善良的；只是如果必要的話，他也必須知道怎麼用壞方法，而為了維持地位，常常會需要如此。

沃　如果說馬基維利是個結果論者，他是根據執行行為的結果而非意圖來下判斷，這樣公平嗎？

史　這樣說完全正確。他沒有像你這樣正式地表達過這種觀點，但他肯定相信你必須偶爾願意做壞事，以便讓好事從中發生。如果在討論中的這個好事是維持你的城邦，為你自己和家鄉爭取榮耀，那麼你一定準備好做任何事來達成這些目的。

沃　想必這表示了這些不是給普通人看的哲學。

史　這是個非常有趣的論點。沒錯，這是給君主的哲學，給那些身為領袖的人，可能不是打算讓你我來讀的書。

沃　但我們的領袖該讀這本書嗎？馬基維利作品中是否有什麼東西，是我們今日的領袖可能從中學習的？

史　呃，這就看你對於結果論倫理學有什麼感受了。如果你相信有些社會目標極為重要，所以必須不計代價去追求，那麼你就是個馬基維利主義者。我想，說現在我們的統治者處於一種馬基維利式的氛圍裡，是很公允的說法。自由國家的基本抱負，一直是確保國民的安全，然後讓他們盡可能享受自由。不過現今恐怖主義的威脅，導致自由權的縮減，也造成以設法保持安全之名，訴諸我們許多人認為不道德的手段，尤其是酷刑折磨。

沃　所以政治家在這方面的行為是馬基維利式的？

史　對，這麼說堪稱公允。他們把保存國家視為首要目標，而且他們敦促我們對於保存國家可能需要的手段不要太過心慈手軟。而那就是馬基維利在《君王論》裡的政治建議核心。

昆丁．史金納（Quentin Skinner）是倫敦大學瑪麗皇后學院的人文學巴伯．波蒙教授。他的著作包括《現代政治思想的基礎》（*The Foundations of Modern Political Thought*）、《霍布斯哲學中的理性與修辭學》（*Reason and Rhetoric in the Philosophy of Hobbes*）、《自由主義之前的自由》（*Liberty Before Liberalism*）、《政治的視野》（*Visions of Politics*），以及《霍布斯與共和式自由》（*Hobbes and Republican Liberty*）。

· 6 ·

聊聊蒙田

莎拉·貝克威爾vs沃伯頓

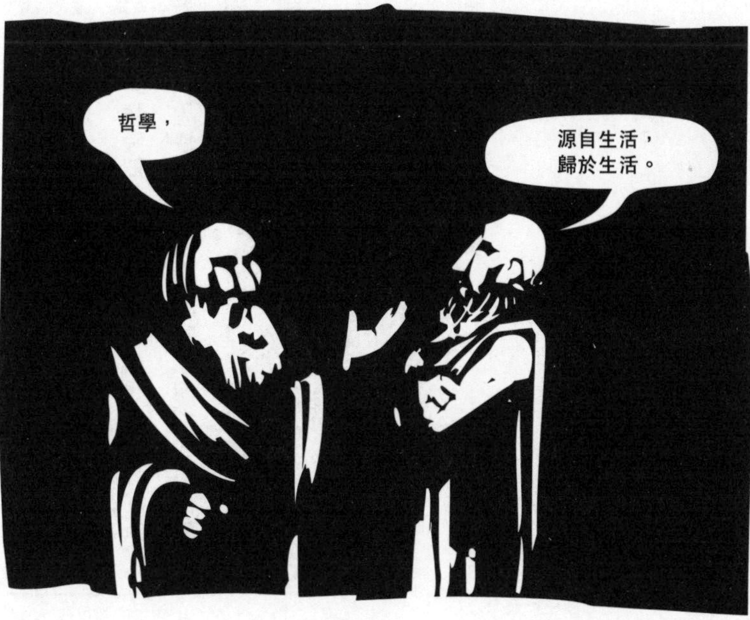

大衛．愛德蒙茲引言

學者、作家與記者都欠蒙田一大筆人情債，因為蒙田完全可以宣稱他發明了散文這種文學形式。蒙田在一五三三年出生於波爾多附近，死於一五九二年。在他的散文裡，他針對各種主題表達意見，並且從自己的經驗裡汲取靈感：閱讀、旅行、遇到的人、信念與感受。他討論過的主題從國際事務到他的性生活，連他的寵物狗都包括在內。許多偉大思想家都受到蒙田影響，他到今天都還有追隨者。他的仰慕者包括莎拉．貝克威爾，著有一本蒙田專書《閱讀蒙田，是為了生活》。

奈傑爾．沃伯頓（沃）　今日的主題是蒙田還有如何生活。妳可以稍微說一說蒙田是什麼人嗎？

莎拉．貝克威爾（貝）　蒙田是釀酒商兼地方法官、波爾多市長，在他不是很長的人生中，還做過很多其他的事情。他住在波爾多外不遠的區域，在城裡做過相當普通不起眼的律師兼行政長官。後來他決定遠離這一切，反省生活，寫成一本叫做《隨筆集》的書，此書立刻變成暢銷書，到了遠超過四百年後也還如此。這本書從來沒真正缺少過讀者與狂熱粉絲。

沃 所以是什麼導致他生涯上那樣劇烈的轉變？

貝 他給我們的印象是，他覺得自己到達人生的某個轉捩點，想要從現在的職位退休，反省他的經驗。他在自家牆上為了慶祝這個決定而刻下的銘文裡，把自己描述得像是行將就木，或者肯定是陷入了中年危機。事實上他當時大約三十七歲。父親不久前去世了，這表示他繼承了家中的葡萄園，是個很大的責任。所以，這個決定是結合了這一點，以及退隱自省的欲望——這是他從古代哲學家，特別是斯多噶派那裡學來的傳統。塞內加曾經推薦這個做法：一等到你完成對這個世界公共事務的貢獻以後，就過一段反省與哲學的生活。

沃 他在書房裡反省自己，還有人生；結果他寫出什麼樣的隨筆散文呢？

貝 在剛開始的時候，他是用相當傳統的方式寫：一頁或兩頁，談的是各種主題，大多數主題是從他最喜歡的古典作者裡選出。所以他愛讀普魯塔克、塞內加、歷史學家跟某些詩人。他們給他靈感，去收集關於特定主題的不同材料，這本身就夠有趣的了。但如果他就停在這裡，我不認為我們到現在還會讀他。反而是一陣子以後，他變得更有冒險精神，開始用比較提問式的方式寫作，特別是寫到他自己還有個人的經驗、曾經談話的對象，還有內省時會發現的事物，他的情緒以及他自身的理性推論。

・做哲學思考就是學習如何死亡

沃 這些隨筆中有一篇的焦點是死亡，這對他來說是一個非常強烈的主題，因為他有過非常接近死亡邊緣的經驗。

貝 他對死亡相當執迷，就我們現在看來似乎是相當病態了。當然，他曾經失去一些很親近的人，包括他的朋友、父親跟一位兄弟。不過在他自己跟死神擦身而過以後，他釋放了對死亡的部分執迷。有一天他騎馬出外，這時有人撞上，他從馬上掉下來。他撞到失去知覺，而且身上瘀傷很嚴重；他本來可能就這樣輕易死掉。朋友們把他運回家，他逐漸甦醒，但有一會兒他在半夢半醒狀態下載浮載沉。後來他反省那個經驗，因為他感覺到他用嘴唇親嚐到死亡的滋味，與死神擦身而過——他有的是種種美妙的方式來描述這個經驗。他在這個經驗中發現，之前這麼害怕的事情真的沒什麼好怕的。他發現這實際上只是一次充滿感官快感的飄浮，幾乎像是你要入睡時那種愉悅的感覺。事實上，後來別人告訴他，當他有這種愉快飄浮經驗的時候，他正被人脫去衣服，而且正在吐血，看起來像是處於極度痛苦之中。所以他想，嗯，死亡從外面可能看起來像那樣，但從內在來說，自然接管並為你準備好這個體驗了。這也改變了他的焦點，更朝向生命，也更朝向哲學與反思。

沃 無論如何，哲學可能把他帶向一種對死亡的執迷，不是嗎？因為在古代傳統裡，哲學家學習如何死亡。

貝　嗯，對，他從古代哲學家那裡得到了哲學就是在談這個的觀念：西塞羅的「做哲學思考就是學習如何死亡」，成為他某一篇隨筆的標題。我想他得到的結論是，如果哲學思考是一種對你自身死亡的執迷，這樣無法讓你想得太遠，而要是這樣真有造成任何差別，其實是讓逐漸死亡與接納死亡的過程更困難。部分來自伊比鳩魯學派的一個觀念，對他影響可能更大：哲學思考是學習如何**生活**，更甚於學習如何死亡。

・用主觀經驗與本能思考

沃　也有一個要素貫串了他的思維：他自己的個人經驗勝過任何理論思考。

貝　對，而他的瀕死經驗與他從中得出的哲學思維，提供了一個關於此事絕對必要的例子。他非常相信經驗是哲學智慧的主要來源，他最偉大的隨筆之一稱為〈論經驗〉。那是一篇很長的隨筆，幾乎漫談了所有種類的事物，就像他的許多隨筆一樣。但這篇隨筆全都環繞著這個觀念：你主要是透過自己的經驗學習。這也是為什麼他認為沒有書本可以學習的農夫，比偉大的哲學家更有智慧，因為他們沒有讀書讀到足以擾亂心靈。

當然，反諷之處在於蒙田之所以達到這個觀點，是在一輩子閱讀**他人**的經驗之後，他熱情洋溢又深切專注地閱讀古典哲學家與歷史學家，還有其他各種人的作品。我想他對於個人經驗的觀點，跟他對自然還有人性的觀念更有關係。他的閱讀和生活，兩者都引導他到這個想法：我們其實只需要放輕鬆，仰賴自己的本性，不必嘗試用知性或理性來分析事物。這個想法背後是這種感覺，而不是我們可能認為的反智主義。

・有點矛盾的思想家

沃 他也有一種自我矛盾的傾向。在一個哲學家身上，這點很讓人不安。

貝 的確是，而且他說：「我可能會自我矛盾，但我從來不牴觸真理。」他說的是他的自我跟感知一直在變化，而他忠於這些變化。所以必須持續前進。他的矛盾是讓《隨筆集》成為迷人閱讀經驗的一部分因素：你會有種感覺，當你閱讀時，一顆心靈正在你面前思考。他也花了超過二十年時間持續增補這些文章，而他確實傾向於補充資料，而不是回頭把東西抽掉，或是糾正內容。所以到頭來你有了這份表面複雜得不可思議的文本，其中不同的部分是在不同階段增添的，而且有時候一句話會跟之前的句子矛盾。但那就是你在他思想中會得到的持續行動感的一部分。

沃 有時候蒙田似乎暗示主觀經驗就是真理，就是唯一真正重要的。

貝　對，不過他著迷於自身之外的世界，也經常抵消了這一點，他同時透過觀察物質世界與其他生物、其他人類，還有閱讀與分享無數他人的經驗，來接近他以外的世界。此處有一種對外在世界的豐饒與多樣性的持續著迷，讓你絕對不會覺得這個心靈迷失在對自我的凝視之中。《隨筆集》的整個結構是豐富而多樣的，充滿了軼聞與故事。他有這麼一個時刻，注視著他的貓專注地望著一棵樹；然後一隻鳥死了掉下來，落在貓掌之間，所以蒙田開始納悶地想為何如此，發生了什麼事？在這種觀察與他的內省之間，有一種持續的混合。

沃　他的台詞之一是，你應該幾乎全憑意外來接觸哲學，而不是開始哲學思考。身為哲學家，我發現這說法有點怪。

貝　我也覺得這裡很奇怪，雖然我想從某方面來說，你必須憑著意外碰上幾乎人生中的每一件事。但他說，如果他真是個哲學家，就是個「意外的哲學家」。他這麼說的意思是，他寫得這麼多，偶爾他的某句評論注定會跟過去某位偉大哲學家說過的話相符。

他不是個有系統的思想家：在出發尋求發現世界真理，或者為此找出嚴格定義的這種意義上，他並沒有獻身成為哲學家。你確實會覺得是某個人只是持續過著生活，並且回應生活，卻總是設法要尋求更明智或更哲學性的方法來做這件事。

・懷疑並非摧毀重建，而是生活方式

沃 你提過斯多噶學派與伊比鳩魯學派，還有那個年代的另一個主要哲學門派，懷疑論，對他也有重大影響。所以很清楚，他確實受過古典教育，這影響了他用來感知世界的範疇。

貝 所有這些哲學對他都極為重要。文藝復興晚期是許多思維被重新發現的時代。尤其是懷疑主義，對他的世界衝擊巨大，但後來他也變成皮羅派懷疑主義的主要傳播者，這種懷疑主義在古代世界由皮羅創立，並且由塞克特斯・恩皮里柯繼續發展。在《隨筆集》的思想與寫作之中，他體現了這麼多皮羅式懷疑主義，以至於他把這種思想傳達到之後世世代代的思想家身上。

要是笛卡兒沒有偶然看到蒙田從古代世界拾得的現代版懷疑論式懷疑，幾乎不可能想像他能完成他的徹底懷疑過程。笛卡兒絕對懷疑一切，以此作為一種揭露一切直到根基為止的方法，好讓他可以從比較牢靠的基礎上從頭開始建立一切。蒙田反而接受一切都可疑，不過他似乎相當樂於與這個想法共存。懷疑**本身**就給他一種生活方式的基礎：考量種種情況下的不同觀點，或許能讓人避免對自己太有自信。所以我想懷疑對蒙田變成一種生活方式，然而對笛卡兒，這只是一個要經歷的階段而已。我幾乎可以大膽宣稱，少了蒙田，不可能有笛卡兒。

・哲學源自生活，歸於生活

沃 蒙田與其他哲學家之間的連結很有趣，因為他根本很難被歸類成哲學家。

貝 總是有人辯論你是不是可以把蒙田視為哲學家，而你絕對無法確定他是不是自認為如此。如果你把哲學定義得很寬廣，他就是個哲學家，從他遵循的古代傳統中汲取靈感，根據這些古人，哲學是很實用的。哲學是一組實用主義的思想實驗、方法與觀念：讓你生活過得更好的一種存在方式。

沃 有一種感覺是，你透過閱讀他怎麼生活，學到你可能怎麼過生活。所以他不是指導性質的，他不是在說你應該活得跟我一樣，而是透過與他的隨筆交流，你受到鼓勵，可以有不同的想法。

貝 就為了這個理由，與其跟哲學家相比，你更能夠拿他跟小說家來做比較。如果你讀了像是《戰爭與和平》或《傲慢與偏見》這樣的小說，然後從中學到某件你可以應用到自己人生上的事情，這是因為你觀察到其他人過的生活。你從書裡出來的時候，比你進入時得到了更多觀念；你出來時分享了別人的經驗，而你或許因此變得稍微更有智慧一點點。而且，作為一種旁白，小說是很有娛樂性的；蒙田也很有娛樂性，而且我們不能低估這種重要性。他很有趣，讀他是很愉快的。

對我來說，在那個層次上我從蒙田那裡學到的肯定非常多。我見識過這個十六世紀男性處理他生活中的種種問題，或者思索他的人生，並且以一種我能理解並參與其中的方式閱讀。我無法了解其中所有一切，因為我們之間有個很大的歷史鴻溝，但我肯定可以透過他的傳達來分享其中一部分經驗，而那差不多就是一本小說所做的事。在蒙田身上，這變成一種形式的哲學，因為他公開為之，而在某個層次上刻意從哲學傳統中汲取靈感。

沃 他對於後世哲學家有哪種影響？

貝 我提過他對笛卡兒發揮了一定的影響力，雖然沒有真正被承認過，但我想是有的。他對另一個絕對專業的哲學家巴斯卡，有極大的影響力。巴斯卡發現蒙田的懷疑主義非常難以接受，而且設法讓自己擺脫。在較晚的年代，他又影響了有點處於哲學邊緣的伏爾泰。盧梭受到蒙田的影響非常大。寫自傳的整個計畫，或者用這種「缺點也毫不掩飾」的方式寫自己，盧梭似乎是從蒙田那裡學會的，不過他不承認這種影響。在更後來，蒙田肯定對尼采有影響，所以我們再度談到一個公認哲學主流邊緣的人物。尼采認為蒙田是你應該去讀，以便學習如何生活的人物。

沃 你花了大約五年研究並寫作此書，妳怎麼開始這個計畫的？

貝 嗯，我是意外發現蒙田的。我聽說過他，不過沒有讀過，一直到我在一趟漫長的火車旅程中才拿起他的書來讀，那是某間店裡唯一一本英文書，當時人在布達佩斯。所以這完全是個意外，非常適合一個意外成為的哲學家。在那之後，我不間斷地讀他；他是我多年來的床邊讀物。我不確定我可以去寫一個自己這麼仰慕的人，一個似乎總是領先我一步的人。蒙田肯定總是比任何寫到他的人都領先一步，因為他這麼矛盾又這麼多樣：不管你認為你可以怎麼談到他，他自己已經說過了。但逐漸地，我有了個主意：設法不光是寫到他，還去寫這些年來曾經讀過他，並且從他身上得出不同蒙田的所有人。除了蒙田本人跟他的傳記以外，那變成了我的興趣焦點。

莎拉・貝克威爾（Sarah Bakewell）曾在艾塞克斯大學攻讀哲學，是倫敦威爾肯圖書館早期印刷書的前任管理員。《閱讀蒙田，是為了生活》是她所寫三本傳記最新的一本，而且贏得美國國家書評獎與達夫・庫珀獎。她在倫敦城市大學教創意非小說寫作，而且正在寫一本談存在主義的書。

· 7 ·

聊聊笛卡兒的「我思」

葛瑞林vs沃伯頓

大衛・愛德蒙茲引言

「我思故我在」（Cogito ergo sum）可說是哲學上最著名的句子，而這句話的作者笛卡兒，通常被形容成現代哲學的創建者。笛卡兒生於法國，在瑞典同時停止思考與存在，可能死於肺炎（瑞典女王克莉絲汀娜要他清晨五點起床指導她）。在此，要跟我們討論笛卡兒這句名言的人是葛瑞林，一本近期出版的笛卡兒傳記作者。

奈傑爾・沃伯頓（沃）　我們聚焦的主題是笛卡兒的「我思」。在我們進展到那裡以前，你可以先稍微講一下笛卡兒是誰，還有他活在什麼樣的時代嗎？

葛瑞林（葛）　笛卡兒在現代哲學史上是重要人物，而且實際上在整體的現代思想史上也是如此。他生於一五九六年，死於一六五〇年。他生活在十七世紀前半，這是自然科學發展，還有一場哲學革命（大半要歸功於笛卡兒自己）的重要時期。他也經歷了一段歐洲極為動盪的時期：三十年戰爭。這場戰爭基本上是一場宗教戰爭，是天主教哈布斯堡王朝為了天主教理想，試圖從新教國家手中重新取回歐洲。

他受教於耶穌會士，終生都忠於耶穌會。我想，他是個真誠的天主教徒，他肯定從沒做過任何會跟天主教會起衝突的事情。他的重大貢獻是從中世紀時期以降，被種種知識上的藤壺包裹起來、結了層硬殼的經院哲學裡頭的所有行話、術語與過度闡述中，開出一條捷徑，重新把注意力聚焦在一個核心問題上：我們怎麼知道，還有我們能怎麼很確定地知道？這個問題在笛卡兒生活的科學革命初期尤其重要。

沃 而且他也是個科學家，不是嗎？

葛 他是科學家，也是數學家。他對數學的貢獻很重要。我們全都知道笛卡兒座標，因為在學校吃過苦頭。他躺在床上看一隻蒼蠅在天花板散步時想到這個主意，他領悟到無論那隻蒼蠅在天花板上的任何位置他都能標記，做法是用牆壁邊緣當座標，並且提供X軸與Y軸的讀數。

‧惡魔‧你的所有經驗都受我操弄

沃 但對於他的哲學，知識論是核心。他想知道是否有任何信念，是他可以確定為真的。

葛 對。在他可能最著名的哲學著作《第一哲學沉思錄》裡，笛卡兒說，你必須從問自己這個問題開始：「我能確定知道什麼？」他在六篇沉思的第一篇與第二篇裡對付這個問題，而且做法非常有趣。他說：「過去提出過的所有懷疑論論證，強度都不足以讓我撤銷我認為我知道的一切——撤銷容許最微量懷疑的一切。關於感官的懷疑論，或者我在做夢的可能性，造成的打擊都不足以讓我這麼做。但設想有個惡魔，他存在的整個目的就是為了在每件事情上都愚弄我。如果有這樣一個惡魔，有任何一件事情是他無法愚弄我的嗎？如果有，那就是我所謂的能夠確定。」而根據笛卡兒的說法，確實有件事是別人無法愚弄你的。

沃 在我們講到那一件事之前，應該稍微說明一下笛卡兒式懷疑，那是什麼？

葛 笛卡兒不是懷疑論者；他把懷疑論式懷疑當成工具，為了達成確定性論點，讓他的探究有基礎所需的器具。所以他利用了某些傳統的懷疑論論證：對於我們透過感官學到的事物是否站得住腳的懷疑論；我們或許在做夢的可能性；或者一切論證中最具普遍性的可能性：在一切可能被矇騙的事情上，我們都有系統地被這個惡魔矇騙，甚至最確定、最基本的信念都被取消了。如果任何信念容許最少一丁點的懷疑，不管多荒謬，都是他用來暫時取消的理由，以便看看還留下什麼，有什麼樣的確定立足點還在。

沃 所以，我現在坐在你面前，我不能懷疑這個，是嗎？

葛 嗯，可以，你可以的。你可能睡著了，而且做了噩夢，夢到你坐在我面前，而這會是質疑這個命題，「我現在坐在你面前」是否為真的一個理由。

・思考作為存在的證據

沃 他用來擺脫這種懷疑論的論證是什麼？

葛 他說，就算有個惡魔企圖在每一件事情上愚弄我，我不可能被愚弄的一件事，就是我存在。或者，用一種每個人都知道的著名公式來說（每個人也都知道酒吧牆上的「我喝故我在」），他說的是：「我在思考。這是某種我就是無法懷疑的事情，而除非我存在，否則我不可能在思考。因此，我存在。」這是基礎、確定的立足點。這在哲學傳統上為人所知的說法是：「我思，故我在。」

沃 所以為什麼笛卡兒覺得這麼確定他存在？當然，他有可能是夢到他存在吧？

葛 就算他在做夢，他也存在：他必須存在才能做夢。他必須存在才能做任何事：工作、懷疑、被惡魔愚弄。在這一刻，所有這些事情本身就是他存在的證據。

沃 某些哲學家曾經指出，這論證其實證明的就只是現在有思想了。說「我」存在，蘊含了超過從那論證中可以實際得出的東西。

葛 這是個很有趣的論點，而且笛卡兒對此有警覺。緊接在「我思」之後，就在說了「我無法懷疑的一件事，就是我存在」之後，他繼續問道：「那麼我是什麼？什麼是存在的這個東西？」當然了，這是心物問題（mind-body problem）的根源，因為他說：「我所是的這個東西是一個思考之物，而我可能懷疑我有個身體，我可能懷疑有個外在世界，但我不能懷疑有這個我所是的思考之物，因此我就是這個**什麼**。」

・經驗世界成真的神奇要素X

沃 而笛卡兒怎麼樣超越這個簡單的「我思」論證？因為「我思」本身只會給他一個思考之物：宇宙間有一個思考之物的結論。

葛 對。這是笛卡兒踏出關鍵的一步，而這一步是說：「對，所以我知道我存在。我有所有這些關於外在世界的信念，而我需要的就是一種**從**我思推論**到**外在世界的方式，保證我關於這件事的信念有機會是真的。所以我需要一種神奇的成分X，這個X要素會擔保我相信我心靈之外的事物為真，是有效的。」

什麼要素能做到這一點？嗯，如果有個善良的神，而且不只是神，而且還是**善良的**，因為祂是善的，不會想要愚弄我們，祂不會想要先給我們知性能力與五感，然後又誤導我們——所以如果我用可以信賴的方式運用我的功能，我對外在世界的信念就有機會是真的。那確實是笛卡兒採用的策略：他為神的存在提出兩個論證，既然有了他的神，而且是個善意的神，就可以滿足於有世界存在，而且他大多數關於這世界的信念都是真的。

沃　所以要描述笛卡兒所作所為的特色，有一種描述方式是把《沉思錄》的整個延展範圍看成一個U形迴轉道：在最底部是「我思」，他說這是他的阿基米德原點。在達到那一點以前，他墮入懷疑論。然後從那一點起，他迴轉了，引進神，然後就是一路上坡，他幾乎回到了起點。

葛　對，那是個很好的形容。而且他用的是第一人稱代名詞，講到自己的經驗：他坐下來，試著去想他的知識奠基的結構；而透過這個第一人稱設計，讓讀者在實效上變成沉思中的「我」，跟上他的思考，並且被他說服：「我懷疑這個，但接著我看出我必定存在，然後我看出我心中有個關於完美存在的觀念。如果有這樣的存在，那麼除非我有機會知道關於世界的真理，我就不會是我所是的東西，也不會有我確實有的種種功能」……等。所以這個故事讓《沉思錄》的讀者可以沿著這條路經歷懷疑，往下走到基礎，也就是「我思」，然後接著達到重構一切他先前自認為知道的事情。

沃　你怎麼判斷「我思」論證？這是個好論證嗎？

葛　這是不是個論證甚至還不清楚。它的地位具爭議性。如果這是一個論證，就必須有個主要前提。它會是所謂的省略推理式三段論，其中一個前提已經預設在內了，所以沒有明示。「我思」說的是，「我思，故我在」。所以那看起來像是少了一個主要前提：「所有思考的東西都存在。」不過當然了，笛卡兒在這時達到的懷疑論層次上，這個前提不能為他所用。

他的批評家說，這不可能是三段論。所以這是什麼？笛卡兒從來沒提出過一個讓人滿意的答案。後來的哲學家曾經檢視過這種可能性：這是某種**展演式**表述（performative utterance），就像你抵達一個派對以後說：「我在這裡！」當然你每次這麼說的時候都是真的，不過你說這個是為了在那個場合吸引旁人注意。其他人則提議說「我思」是「前提性的」——存在是任何其他事物的前提，當然包括了能夠想到自己存在，所以笛卡兒所做的就只是指出「我思」為真的必要條件。

其他人則試著論證說，「我思」是邏輯上退化的陳述，而且又是這種形式：「（現在）就是現在」或「我在這裡」或「我存在」。所有這些陳述句都是自我證實的，所以很空洞，就像「我不存在」或「我不在這裡」或「（現在）不是現在」是自我駁斥的。

所以對於這個論證的本質有爭議。不過無論一個人能怎麼談這句話的邏輯地位，在任何人這樣講到他或她自己的時候，這句話仍然無可否認地真確。

・如果外在世界得依賴善意神……

沃　當代哲學家看出這個論證下坡處一直到「我思」部分的好處，然而對於他用來搭路往上走的那種論證，卻相當不放在眼裡，這麼說公允嗎？

葛　對，就是這樣。如果你看從笛卡兒以後的知識論史，主流意見（尤其是在經驗論者這一方）是懷疑論向我們證明，還有個必要的工作要做：我們必須從意識的私密資料推導到一個外在世界。現在，如果笛卡兒講的善意神明故事我們不買單，要怎麼辦？如果你不接受這是你從經驗推導到世界的保證，有什麼會取代它的位置？如果你去想想洛克、巴克萊、休謨、彌爾、羅素、普萊斯與艾耶爾，這些在知識論論辯上的主要人物，他們全都以自己的方式聚焦在這個問題上。

極其有趣的是在二十世紀為了回應這個議題而發生的事，也就是說：「既然我們無法從笛卡兒的出發點，推得一個有任何重大保證的外在世界，或許我們應該體認到是這個起點有誤。」而那會是對笛卡兒的最大批評。

沃　話說回來，《沉思錄》是上乘的文學，這是一篇清晰得不得了的文章。

葛　關於笛卡兒在哲學史上的地位有兩件重要的事，這是其中一個。首先，他指出了該問的正確問題：我們可以知道什麼，還有如何知道？就在十七世紀早期，與現代科學的崛起同時，扔掉了所有關於針尖上能容幾位天使跳舞的辯論，直取重點。

其次，因為他不仰賴行話，雖然經院哲學是在這個工具上產生的，他能夠用任何人都能親近的方式寫作。這篇文字驚人地清楚明晰又容易理解。

沃　你認為現在對我們來說，笛卡兒的《沉思錄》有價值嗎？

葛　因為這本書清晰易懂，是給初學者的絕佳讀物，除了教學價值之外，它聚焦在一個知識論問題上，在你思考知識本質與我們如何取得知識的時候，這個問題必須在舞台中央。我們可能不同意笛卡兒說正確的起點是意識的私密資料，如果你看看杜威、維根斯坦、海德格還有二十世紀的其他人，你會看到他們全都否定笛卡兒式的起點。他們全都說：「別從私密經驗開始，從公共世界或公共語言開始。無論如何，從別處開始，因為不這樣你永遠無法逃出心靈。」

雖然如此，笛卡兒這種從經驗開始達到世界的努力，是有意義的：如果它是錯的，也是強有力、有趣而且重要的錯誤，而且教給我們偉大的一課。我認為除非你跟笛卡兒交手，並且想清楚他思考這些事物的方法，否則你不可能以嚴肅的方式做哲學裡的知識論。

葛瑞林（A. C. Grayling）是倫敦人文新學院（New College of the Humanities）的哲學教授兼院長。他的著作包括《重要觀念》（*Ideas that Matter*）、《釋放普羅米修斯》（*To Set Prometheus Free*）、《想想答案》（*Thinking of Answers*）以及《善之書》（*The Good Book*）。

· 8 ·

聊聊史賓諾莎的激情

蘇·詹姆斯 vs 沃伯頓

大衛・愛德蒙茲引言

史賓諾莎死於一六七七年，死因是一種肺病，可能因為吸進了玻璃粉塵，他大半輩子都是磨鏡工匠。直到死後，他的傑作《倫理學》才出版。所以一直到死後，他才得到身為當時偉大理性主義者之一的盛名。在按照幾何學正式工具（定義、公理等）寫成的《倫理學》裡，討論了他哲學中的一個關鍵概念：他所謂的「激情」（passion）。史賓諾莎講到激情的時候，他是什麼意思？蘇・詹姆斯是史賓諾莎學者兼伯貝克學院的哲學教授。

・從商人到哲學家

奈傑爾・沃伯頓（沃）　我想聚焦的主題是史賓諾莎的激情。但在我們談到那裡以前，可以請妳稍微介紹一下史賓諾莎嗎？

蘇・詹姆斯（詹）　荷蘭人說史賓諾莎是他們的頂尖哲學家。父母是葡萄牙裔猶太移民，在史賓諾莎出生前幾年，為了逃離異端審判的宗教迫害而來到阿姆斯特丹。他們在阿姆斯特丹猶太社群裡安頓下來，史賓諾莎就是在這樣的環境下長大。在他二十出頭的時候，他父親跟哥哥過世了。所以史賓諾莎接管父親的事業，變成一位商人，跟葡萄牙做橄欖油與果乾交易。然而大約在此時，他開始表達出讓阿姆斯特丹猶太會堂長老不安的哲學觀點。他也開始拓展他的受教範圍，去了一所由一位經歷多采多姿的前耶穌會士法蘭西斯柯斯・范・登・安登（Franciscus van den Enden）所經營的學校。范・登・安登教史賓諾莎拉丁文，而且介紹他到一個激進知識份子的圈子裡，這些人包括商人、阿姆斯特丹戲院導演、還有各種專業人士，其中有好幾位變成他的朋友。之後不久，我們不完全明白發現了什麼，史賓諾莎被阿姆斯特丹猶太會堂開除教籍，並且被禁止跟猶太社群的其他成員聯繫。在二十三歲的年紀，他放棄了生意，開始過沒有隸屬宗教的獨立哲學家生活。他學著去磨做望遠鏡跟顯微鏡所需要的精密透鏡，並且開始寫哲學作品。

沃　所以他寫了什麼？

詹　他剛開始寫的是某些相對來說簡短的作品，在其中他嘗試了後來會發展的種種哲學觀念。在這個階段，他深受笛卡兒的作品影響；笛卡兒的哲學在荷蘭共和國引起巨大的震盪，並且造成正統亞里斯多德路線與新笛卡兒主義鼓吹者之間的重大決裂。史賓諾莎替笛卡兒主要作品《哲學原理》寫了解說，並且加上一個附錄，詳細闡述他自己的某些觀點，在這時公開與荷蘭的笛卡兒主義者站在同一陣線。那是他出版的第一個作品。所以他變成大家眼中大致上同意笛卡兒的哲學家，而且開始在國際間頗負盛名：他對於神、自然、人類以及我們應該如何生活，有真正有趣又範圍寬廣的觀念。

沃 不過現在最多人研究的是他的著作《倫理學》。這本書是以奇特的幾何學格式寫成。妳認為他為什麼要用那種格式？

詹 幾何學格式是以歐幾里德幾何學為模型，假定一連串的公理（axiom）與設準（postulate），然後用這些東西來演繹出一組定理（theorem），每個定理都有自己的結果。這種模式的證明被認為有一種獨特的知識論地位，因為它提供了有徹底確定性的結論，而史賓諾莎之所以會使用這種模式的部分原因在此。不過他也引人注意到這個事實：在《倫理學》中，他在做的是有個大寫強調的「哲學」（Philosophy）。就他的觀點看來，幾何學方法給出某種無可質疑的結論，這是只有在哲學和數學中才能達到的。所以這跟其他像是歷史或神學的探究所用的方法，是相當判然有別的。

・激情來自維持自身力量，或增強

沃 現在他對激情有些真正有趣的事情可說。但他提到的「激情」是什麼意思？

詹 為了理解這一點，我們需要稍微回去看一下他最核心的觀念之一：任何個體，不管是一顆石頭還是一個人類，都有能力維持自身所是的狀態。史賓諾莎稱之為此個體的自然傾向（conatus）。一個相對單純之物的自然傾向，會是相當有限的；舉例來說，在跟其他物體相撞時，一顆石頭有某種能力抗拒被壓碎，不過大概就這樣了。相對來說，像是人類這樣的複雜實體，可以用各種生理學與心理學方法來維持自存——透過呼吸、訓練自己睡得好些、對抗死亡、交朋友等方式。這些全都是維持自己的方式，或者用史賓諾莎的說法，是讓自己更有力的方式。所以在他眼中，世界上充滿了個別事物，每個都努力保持自身的存在；而在一個特定個體跟另一個個體互動的時候，它可能變得更強、更弱，或大致保持原樣。史賓諾莎聲稱在人類與其他事物互動時，他們體驗到的力量改變結果就是激情。我們維持自身的基本努力，表現在我們的欲望上。我們把自身力量的增加體驗為喜悅之感，削減在我們的體驗中則是哀傷之感。在這個基本架構之下，史賓諾莎接著會繼續解釋更多特定的激情。不過他的主要主張是，在我們跟其他事物互動的時候，我們總是努力要讓自己更喜悅，並且避開哀傷。

沃 不過「激情」這個字眼暗示了某種被動的東西，是發生在我們身上的，而不是一個行動。這樣說對嗎？

詹 對，是這樣。史賓諾莎堅持這個古典觀念：我們的激情表達了外在事物在我們身上作用的方式。我在這裡，周圍環繞著一大堆其他的事務，導致了我身上的各種影響。舉例來說，奈傑爾，我在感知你，感覺到房間的暖意等。但這些感知與感覺是連結著激情一起出現的。除了看見你以外，我還經驗到你增加或降低我維持自己的力量。所以，如果我經驗到你有增加我力量的作用，我會感覺到某種愉悅；如果是相反的，就是某種悲傷。

・激情帶來的反應扭曲了認知

沃 不過，它們在什麼意義上是被動的？

詹 被動性（passivity）的觀念是：你是被某個東西作用於其上的。為了便於討論，假設坐在這個房間裡讓我很開心。我的激情或感情，有一部分是這房間裡的事物是什麼樣的結果。不過這也有一部分是我是什麼樣，以及我對周遭的事物怎麼反應的結果。史賓諾莎認為我們反應的方式，有一部分是被我們大半沒有意識到的心理歷程所決定，而我們對此只有非常小的控制能力。舉例來說，如果這房間有點像我曾經進行過一次愉快談話的不同房間，我會把我現在待的房間跟前一個房間的愉快念頭聯想在一起，而這會導致我現在覺得愉悅。不過很有可能整個聯想過程發生了，我卻沒意識到它對我造成影響的方式。所以，在這種意義上，我面對它的時候是被動的。史賓諾莎設法捕捉這個被動元素的方式之一是，描述我對一個外在事物，像是這個房間，所具有的這種觀念，是一種**不適切的**（inadequate）觀念。他一部分的意思是，因為我對這個房間的觀念是房間跟我之間一個特定互動的果實，這並沒有給我這個房間真正是什麼樣的精確觀念。我只對它影響我的方式有個觀念。為了這個理由，激情傾向於給我們扭曲的觀念，或者照史賓諾莎有時候說的，給我們殘缺不全的觀念，而且因為它們殘缺不全或者不完整，可能促使我們以自我毀滅的方式行動。我們奮力要賦予自己力量；但是當我們在不適切觀念的基礎上做這件事的時候，我們通常會失敗。

沃　那很引人入勝，因為在某種意義上聽起來幾乎像是精神分析：我可能把真實生活中或許有、或許沒有的東西，投射到我的關係上。

詹　沒錯。佛洛伊德對史賓諾莎非常有興趣，雖然他們的心靈理論完全不同，他們設法要解釋某些相同的現象。

．了解自己和了解世界一樣重要

沃　所以如果激情就只是發生在我們身上，它們有可能被視為合乎理性的嗎？

詹　我們的激情同時合乎理性也不合乎理性，這看你用來評估的標準是什麼。從日常標準來判斷，某些激情在這種意義上是合乎理性的：它們讓我們能照著維持或增加自身力量的方式行動。舉例來說，對海嘯感到害怕並且設法逃脫，並不是不合理性的。然而照同樣這些標準來判斷，其他的激情**是**不合乎理性的。如同我們已經看到的，激情給我們的觀念通常對我們自身與外在事物造成深刻的混淆，而促使我們追求削弱力量的行動。所以，如果我們用這些日常判準，激情可能是理性或非理性的。在此同時，史賓諾莎也訴諸一種不同的理性標準，與此相關的所有激情都算是不理性的。如同我們已經看到的，激情是不適切的觀念。它們是不完整而扭曲的，而且沒給我們對於自身與世界是什麼樣貌的真正理解。為了糾正我們的不適切觀念所體現的錯誤，史賓諾莎主張，我們需要往後退一步看這些觀念，對它們的起因有更充分的掌握。我們不能只是照著表面上的樣子接受愛憎，我們需要搞清楚它們怎麼冒出來的。什麼導致我在此刻感覺喜悅？什麼導致這房間看似這種喜悅的起因？等諸如此類的問題。在我們拓展對於自身激情起因的知識時，照史賓諾莎的說法，我們對這些激情的觀念變得逐漸可靠或適切了。然後我們的觀念變得越適切，就越能夠用批判性的方式思考我們剛開始時的不適切觀念。我們變得能夠用一種新的方式思考激情，而且有比較好的立場，可以避免這些激情在其他狀況下造成的錯誤。就史賓諾莎的觀點，學著用這種更有穿透力的方式思考，等於變得越來越合乎理性。他說，推論就是以適切的觀念來思考。不過既然我們的激情是不適切的觀念，在照著這種標準來判斷的時候，從定義上來說就是不合乎理性的了。

沃　我認為他的哲學是關於對自己跟對世界達到同等程度的了解，這樣對嗎？

詹　對。這兩者必須同時並行。我們必須了解自己，以便理解世界，因為我們必須了解世界跟我們互動的方式。對於他的同代人如此全心投入的關於世界的科學知識，史賓諾莎很有興趣，但他更加關心的是，發現怎麼能得到讓我們活得好的那種道德知識。那才真正是他的重點。而那就是為什麼他的巨著叫做《倫理學》。

・在激情誤導下如何自由

沃　而對他來說，一個主要的主題就是自由。對他來說，激情或情緒與自由有什麼樣的關聯？

詹　史賓諾莎認為，既然你充滿激情，你就處於束縛之中，並不自由。然而為什麼他把充滿激情等同於不自由？在此我們回到激情的消極性。問題是，充滿激情的人持續以他們無法控制的方式，接收行為的作用。他們受制於其他事物的獨斷影響。他們的力量多寡，仰賴其他事物怎麼樣作用在他們身上。而根據史賓諾莎，這就是不自由或受奴役的狀態。所以變得更自由的計畫，是讓自己處於：我維持並增強自身力量的能力，比較不依賴其他事物的獨斷影響，因為對於這些事物對我的影響，我有比較多的控制力。舉例來說，我們可以學習對付像是悲慟或恐懼這樣的激情，藉此增加我們的自由，而不只是發現它們壓倒一切。在某個層次上，這是個政治計畫——重點是創造出人受到保護、免於自身激情影響的環境。但對史賓諾莎來說，這到頭來事關陶冶他所謂的推論（reasoning）。如同我們剛剛看到的，推論是獲取更適切的觀念，並且用它們來獲得對事物因果真正理解的過程。史賓諾莎說，重點是透過獲取引導自身思維與行動的能力，來變得積極。你變得越積極，觀念就越不會被事物對你發生作用的方式所決定。或者，用另一種方式來講這個論點，你變得比較不受奴役而更加自由。透過對你自己還有這個世界得到更好的理解，你拓展了積極應對自身所處環境的力量。而藉著用這種方式賦予自己力量，你對自身的活動產生一種愉悅感，根據史賓諾莎，這是一種無比喜悅的來源。所以他有這種基本上屬於斯多噶派的觀念：理解世界、理解你自身激情的起因、理解你是哪種造物還有你生活在哪種環境裡，會是最巨大的滿足感來源，讓你極端快樂。

·理性，於是力所能及的自由

沃 這似乎像是一種個人主義哲學，但妳間接提到這個事實：對於這種哲學要如何跟政治連上關係，他有個觀點。

詹 這其實不是個人主義哲學，因為變得自由是一個集體計畫。史賓諾莎把每個個人想成自然界極端微小的一部分，而且認為我們每個人個別來說，有微不足道的少量力量。所以，雖然我可以照我形容的方式拓展理性理解，藉此改善我的命運，靠自己卻不會有非常大的進展。我們可以有效保護自己，對抗自身激情的迫切要求的唯一辦法，是以一個社群之力處理這個問題，而史賓諾莎從兩個不同的語域裡探索這個任務。在《倫理學》裡，他談到這一點，當成是一個由有智慧與道德的人組成的社群來承擔的計畫，這些人了解為了這個目的培養理解力並合作的重要性。但在一部不同的作品《神學政治論》（*Tractatus Theologico-Ploticus*）裡，他討論此事時，視為大半受到自身激情驅動的普通人能夠承擔的計畫。如果這種人要有效地增加他們的力量，首先需要生活在適度地有利於政治的環境裡。然後，你要怎麼建立一個會促進理解的成長，隨後產生人類能達成最大樂趣的政治社群呢？史賓諾莎論證，理想上這樣的政治社群，會是一個民主政體，其中每個人在理性的培養上都會扮演某種角色，然後會變得像他們能力所及的那樣自由。必須承認，史賓諾莎所理解的民主政體，從現代標準上來說是非常有限的狀態，在其中女性、僕人、窮人與某些其他團體在政治事務上都無權置喙。但我想，雖然如此，在史賓諾莎的哲學中有種強烈的要求或是抱負，要朝向一個最大程度上包含一切的民主政體。而在他的兩種說詞裡，變得更加理性並且學習如何活得美好是一個集體志業。

・神即自然

沃　而神在這一切之中扮演什麼角色？

詹　對史賓諾莎來說，神無所不在。他避開了神獨立於自然而存在，是自然界的創造者或這類存在的觀念。在《倫理學》中的某處，他談到「神或自然」，似乎是在說兩者其實是同樣的東西。這不完全正確，不過大方向沒什麼錯。如果你想到存在的所有起因之力，那就是神的力量。隨之而來的是我們在某種意義上「在」神之內，而我們的力量有一部分是祂的力量。我想史賓諾莎相信這一點，在我們變得理性又主動的時候，我們變得比較融入自然，也更神聖一點。

沃　不過，回到激情上面，我們面對神或自然的時候，有個應有的適當情緒態度嗎？

詹　對，那是史賓諾莎形容成「愛」的情緒態度，雖然是一種經過純化的愛，跟我們對其他人感受到的情欲之愛或友誼非常不同。一旦我們對神取得適當的哲學理解，我們就理解到祂是一切存在之物的內在起因，而且我們所有的理性知識都是神的知識。這種知識賦予力量；至於愛，史賓諾莎在《倫理學》中說是在體驗自身之外之物給人力量的時候，我們會感覺到的一種喜悅。所以愛神是適切的，但在比較實際的意義上也是奉獻我們自己，去更認識祂、更愛祂。那是有智慧或理性的人所做的事。

沃　你認為史賓諾莎對激情的觀點持久的影響力是什麼？

詹　史賓諾莎真正把激情理解為社會與政治生活中不可或缺的一部分，他是這樣做的第一批哲學家之一。對在他之前的許多哲學家來說，激情是一個人應該學著自己調節控制的心靈危險狀態。史賓諾莎不只是把激情定義為我們與他人及其他事物之間互動的一個面向，所以讓它們基本上是社會性的，他也體認到緩和這些激情，並且限制它們可能造成的損害，這樣的任務在很大程度上是集體性的，而且是政治社群必須努力解決的事情。當然，這是個重要的洞見，跟當代政治哲學家與道德心理學家很相關，而且更廣義來說，跟我們所有人都有關係。

蘇．詹姆斯（Sue James）是伯貝克學院的哲學教授。她的著作包括《激情與行動：十七世紀哲學中的情緒》（*Passion and Action: The Emotions in Seventeenth-Century Philosophy*）、《瑪格麗特．凱文迪許的政治作品》（*The Political Writings of Margaret Cavendish*），還有《史賓諾莎論哲學、宗教與政治：神學政治論》（*Spinoza on Philosophy, Religion and Politics: The Theologico-Political Treatise*）。

· 9 ·

聊聊洛克的寬容

約翰·鄧恩vs沃伯頓

大衛・愛德蒙茲引言

十七世紀晚期哲學家約翰・洛克通常被描述成第一個英國經驗論者，他認為所有知識都是透過經驗而來。洛克對許多領域都做出開創性的貢獻，如形上學、知識論與人格同一理論。他也寫了大量關於政治與為國家辯護的文章。某些他最重要的作品是在荷蘭完成的，在一六八三年因為謠傳他參與了暗殺國王查理二世的行動，曾經被迫逃走，流亡海外。這是歐洲被天主教與新教徒之間的宗教衝突撕裂的時期。不意外的是，洛克變得專注於宗教寬容的議題，也是本次訪問的主題。和我們聊聊的是約翰・鄧恩教授，一位約翰・洛克學者。

奈傑爾・沃伯頓（沃） 我們今天要專注在洛克關於寬容的觀點上。你可以先稍微介紹一下洛克嗎？

約翰・鄧恩（鄧） 洛克是十七世紀英國的一位牛津大學教師，他逃離牛津進入政治，並且進入都會的知性生活，結果寫出了某些非常重要的書。

沃　他寫了好幾部關於寬容的作品，後來都具有高度影響力。

鄧　沒錯。他整個知識生活裡都寫到了關於寬容的主題，這是他最一致的長期專注主題。不過他直到五十歲後期才發表作品，在同一年內出了三本書：第一本是一本偉大的哲學論著，《人類悟性論》（*An Essay Concerning Human Understanding*）；第二本是一本非常祕密的著作，《政府論》（*Two Treatises of Government*）；第三本從時序上來說是最先出版的，而且原本以拉丁文寫成，就是我們現在所說的《論寬容》（*Letter on Toleration*）。

・宗教迫害開啟的寫作契機

沃　洛克寫這本《論寬容》的動機是什麼？

鄧　要求宗教寬容的基礎，以及寬容應該延伸的範圍，是他一輩子的主要知性興趣。但他在一六八〇年代流亡荷蘭時，驅動他寫《論寬容》的是，一六八五年法國國王路易十四廢除《南特詔書》對歐洲新教教會造成的壓倒性衝擊。這或多或少正式終結了法國有效實際寬容新教的時期，無可否認地是充滿怨恨的，而這也是全面宗教迫害的序曲。洛克正設法捍衛歐洲新教徒實踐自身宗教信仰的權利。

沃　所以對洛克來說，寬容是專指宗教寬容？

鄧　對，這是非常重要的。《論寬容》是在捍衛良心自由。在實踐上，良心自由意味著宗教崇拜自由。這並不是明確意味著思想自由，也不是明確意味著言論自由，這是大多數人今日想到寬容時會想到的兩大範疇。他非常明確地指出，是在你判斷神要你這麼做時崇拜神的自由。

・不信神的風險

沃　那不包括不信神的自由吧？

鄧　不，肯定不包括，而且從洛克的觀點是因為很深刻的理由。當然，主要理由是洛克相信有個神存在，而且神有些特殊的屬性。最顯著、而且肯定讓今日《論寬容》的讀者心緒不寧的事情是，洛克假定不信神、相信沒有神這件事，會對其他人類的生命帶來非常嚴重的危險。

沃　為何如此？

鄧　根本的理由是因為洛克相信，只有在你認定來世會受到懲罰的威脅，而且在一個低得多的程度上認可來世得到報償的承諾，才有充足的理由照你應為的方式來行動。

沃　所以如果不相信神，你可能不會遵守承諾？

鄧　他認為如果不信神，你可能做你想做的任何事，而且你這麼做可能相當合理。除非你相信來世的威脅與承諾，你不可能有個實在的好理由，照著他認為你應有的方式行為舉止。

沃 洛克是用哪種論證，來為他的觀念辯護：他的同代人應該有良知上的自由？

鄧 他使用了一個非常簡單的論證：人類具備的最重要利益是履行神指定給他們的責任。根據假設，相對於你可能在你的自然生命中招惹到的任何回饋或懲罰，在來世這個設定之下，你可以確保會得到過度懲罰與過度回饋。所以如果你今生的興奮得到滿足、在宗教上卻很可悲的話，因為有來世，可以保證這是個極其嚴重的錯誤。如果你有個徹底悲慘卻虔誠得令人佩服的今生，長期來說就可以保證結果會極端地好。

沃 所以這一切都建立在洛克的基本前提上：有這麼一個神。如果有神，那麼做神不要你做的事風險極大。

鄧 對，洛克認為禁止無神論者並嚴懲他們是種適當的做法，他給出的理由是拿掉了神，就算只是在思想上這樣做，都會「分解一切」。所以，思想自由就來了。

・區分開國家與宗教的角色，停止宗教迫害

沃 那很有意思，因為許多洛克的同代人會用對神的信念，當成他們迫害其他信仰人士的正當理由。

鄧 對。洛克在《論寬容》裡面對的重大知性挑戰，就是反駁宗教迫害是一種宗教義務的

觀點。洛克這個觀點最重要的知性創新是，他建構了一個相當豐富的理論，說明為什麼這種判斷是錯誤的。

沃 可以讓我們淺嘗一下這個理論嗎？

鄧 這個理論的關鍵點在於人類在兩種不同社會的成員身分基礎：首先，是一個政治社會；其次，是一個教會或者教會社群。宗教迫害是一個政治主權義不容辭的宗教義務，這個觀點要把教會與國家視為同一。而洛克非常具體地在概念上區分了兩者。教會成員身分的基礎，必須是一種真誠而個人的選擇與信仰，然而國家成員身分的基礎在於，雖然在這個國家因果歷史中的某一刻必須經過刻意選擇，在任何一個特定時間點裡，都不可能只是個人的選擇，因為那樣會毀掉國家的結構。如果每次有人要求背離國家成員的身分，就可以把這個身分解消掉，那麼就不可能有連續的政治權威了。

沃 所以，洛克把國家跟宗教信仰分離了。他如何處理一個社會之內不同宗教衝突的問題？

鄧 他踏出的關鍵一步，是去除國家成為宗教真理具體化與裁判者的可能性。他把一個特別的義務加諸於國家之上——保存所有臣民領土權的義務。所有國民對自己的宗教信仰都有一種權利，而他們有權利照自己的宗教信仰行動，只要他們的行動跟任何其他臣民同胞的公民權不衝突。不過沒有人有權以跟任何臣民同胞或國民的權利相衝突的方式行動，而政治主權的角色，就是監督他們之間的互動，並且預防他們干擾彼此的權利，或者在干擾發生時加以懲罰。

・用威脅改變信仰徒勞無功

沃 他也有個實用主義的論證，談我們為什麼不應該因為某些人的信念而迫害他們。

鄧 對於為什麼宗教迫害是個爛主意，他有一大堆不同種類的論證；他把這些論證全部加起來，因為宗教迫害在當時正方興未艾，而且他很渴望盡可能用力地踩下煞車。有個觀念是，宗教迫害是徒勞無功的，因為你無法靠著威脅改變人的信念。當然，如果你在想的是當你剷平一個威脅時，那個威脅所造成的衝擊，這是個非常強的論證。我從來沒遇過任何人可以光因為受到威脅就改變他們的信念。但事實是，如果持續威脅長達兩三個世代，你可以對人的信念造成相當戲劇化的效果。

他也有另一種特別針對基督徒的論證，這個論證是：宗教迫害對迫害者的性靈而言，在本質上是個腐化過程。某些他最雄辯滔滔的作品，是關於腐化的過程。這並不真的是個正式的論證，不過是一種嘗試，以充滿想像力的方式向他的聽眾成員說明，許多他們更自以為是的信念，跟他們抱持的其他自以為是信念衝突，他鼓勵他們刪除修整這些自以為是的信念，好讓這些念頭以更有反省力、更為穩定的形式出現。

沃 政教分離是從洛克開始的嗎？

鄧 不，這不是從洛克開始的。有一大堆異議基督徒運動，先前曾經在不同時間點論證政教分離的可取之處。不過洛克從基督教信仰範圍內提供了對此最成熟、最融貫的理論說明，此後沒有人能超越他的說法。

沃 我們顯然活在一個宗教寬容再度成為活躍議題的時代：對於我們今日的情境，有沒有任何可以向洛克取經的地方？

鄧 我們無法從洛克身上取得實用的處方，因為那並不是一個實用處方。我們也無法從他身上取得非常鼓舞人心又給人安慰的訊息。不過我們可以從他那裡取得一個結構，用來思考個人自由的議題。在洛克對於宗教寬容範圍的理論說明中，關鍵的區別是理論信念與實際信念之間的區別。為什麼對基督教規定的任何詮釋（它們本身並沒有侵害其他國民同胞的權利）有權受到寬容，無神論卻不是如此，理由在於如果它們並未侵害其他人的實際權利，基督教規定的詮釋只是理論信念而已。但因為他對於行動理由結構形成過程的獨特觀點，無神論卻是一種實際信念，因為無神論這種信念是說，你沒有理由不去做你合理相信做了也不會有後果的任何事情，而當然了，這是個破壞力大得難以置信的信念。

有個宗教信念，是關於在與神的關係裡要做什麼，才能拯救你的靈魂，他視之為宗教信念中的核心，也是最重要的內容。然後，還有隨之而來的性靈指引，是關於你得到容許可以對彼此做的事情。我們可以怎麼對待彼此，落入了由政治主權負責的領域；這是落在人類在塵世互動的領域之內，不受宗教性靈指引的保護。所以，如果我有個宗教靈感是我應該現在殺了你，不管我得到的性靈指引在我看來跟感覺上有多麼真心誠意又激勵人行動，那不是屬於宗教寬容範圍的事：那是公共威脅之事。另一方面來說，假設我相信神是一塊非常大的綠色起司，就算這是個相當蠢的信念，你除了可能略帶鄙夷以外，對我做出其他任何令人不快的事情，都是完全不能成理的，因為我有權在這個範圍內抱持任何我剛好有的愚蠢信念。我無權去做的事，是為了我剛好抱持的宗教信念，去做違反他人利益的事。

約翰．鄧恩（John Dunn）是國王學院的研究員，也是劍橋大學政治理論退休教授。他的著作包括《洛克的政治思想》（*The Political Thought of John Locke*）、《現代革命》（*Modern Revolutions*）、《面對未來的西方政治理論》（*Western Political Theory in Face of the Future*）、《非理性的狡獪：理解政治》（*The Cunning of Unreason: Making Sense of Politics*）、《讓人民自由》（*Setting the People Free*）。

· 10 ·

聊聊喬治·巴克萊的難題

約翰·坎貝爾vs沃伯頓

大衛·愛德蒙茲引言

有個年輕人說上帝
必定發現這極端奇異，
想到樹木竟然持續存在，
此時方院裡卻沒有人在。

親愛的先生，您的震驚才奇異。
我永遠都在這方院裡。
而那就是為什麼樹木會持續存在
既然有人觀察著
就是您忠實的
上帝。

這個對於喬治·巴克萊哲學相當簡潔的摘要，是在他死後許久寫的。巴克萊在一六八五年生於愛爾蘭，晉升為一位主教。不過他的名聲建立在他的形上學。他是個觀念論者（idealist），相信現實只由心靈與觀念組成，而不是由客體與物體組成。根據加州柏克萊大學的約翰・坎貝爾所述，巴克萊的哲學必須放在十七世紀科學革命的背景之下理解，這個革命的影響到了今天還持續有感，而坎貝爾教授說，從某方面來說，這點極為不幸……

・物理學描述帶來的衝擊

奈傑爾・沃伯頓（沃） 我們將要把焦點集中在巴克萊的難題上。巴克萊的難題是什麼？

約翰・坎貝爾（坎） 巴克萊是在牛頓與伽利略之後的時期，也就是十七世紀物理學科學革命的衝擊之後進行研究的。如果物理學家是對的，如果牛頓是對的，那麼我們所住的世界一點也不像我們認為的那樣子。牛頓主義者總是指出，這個世界大多是由空無一物的空間組成，偶爾點綴著孤獨的原子團塊。我們認定自己平常接觸的世界，有顏色、氣味與滋味的世界，有其他人的世界，有桌有椅的世界——這樣的世界就是不在那裡。這只是一種心靈的投射，投射到科學描述的奇異宇宙。

事實上，事態已經惡化了。量子力學描述下的世界難以想像地奇異。我們大多數人對此執行雙重思考[7]。我們大多數人就是忘了這一點，而物理學家在購物、做晚餐或不管做什麼別的事的時候，也大多忘記了這一點。不過說真的，我們的正式觀點是，我們實際生活的世界，相當不像是我們經驗中似乎顯示的存在狀態。所以這對巴克萊而言引起一個問題：「首先，我們怎麼對這樣一個世界形成一個概念？」

沃 你說巴克萊當時的物理學，描述世界是由許多沒有顏色的分子狀物體組成。我們會這麼說，但在他的時代，他們稱之為微粒（corpuscle）。任何事物，像是顏色、氣味、滋味都是人類觀察者的投射，並不真的存在外在世界裡。

坎 在科學革命之前，可能會堅持一個常識性的圖像，你可以在其中照著事物真正的樣貌遭遇它們。這種新物理學把意識經驗推回腦袋裡面：這只是大腦產生的某樣東西罷了。

・我與外在世界之壁

7 譯註：英國作家歐威爾（George Orwell）作品《一九八四》中的用語，指的是人因為某種理由同時接受兩種彼此不相容的概念。

沃 所以他的難題是，我們怎麼能對我們以外的世界有任何說法？

坎 對，不過巴克萊的難題來自論證的深處。一旦你認為所有存在的意識，所有存在的感知經驗，都是我們體內產生的一堆感官知覺，那麼我們就有了這個問題：我們是在我們的意識經驗基礎上，對於世界是什麼形成概念。巴克萊說，如果我們形成自身信念的起點、我們對於世界是怎麼樣的意見，只是一團團的感官知覺，那麼就算只是對獨立於我們之外的一個物體，又怎麼能夠形成觀念？如果我就只能靠這堵感官知覺之壁繼續探索，對於超越那堵牆壁之外的某樣東西，我怎麼可能框出一個概念？他的答案是：「你不能，這只是個幻覺。」所以，雖然科學是這裡的起點，巴克萊說你就把那道梯子踢開吧。科學本身到頭來沒有你以為的那種重要意義，因為我們能夠用以形成概念的一切，就只有感官知覺本身。這是非常激進的觀念，不過這裡的邏輯有某種嚴密性。

沃 所以在巴克萊的世界圖像上，我們被留在什麼地方？我們怎麼跟任何東西產生關聯？

坎 說實話，這讓我們留在一個相當糟糕的狀態。我們擁有的就只有我們的觀念。巴克萊是個一神論者，所以他認為他可以擁有關於神的知識。但當然了，神也只是有一堆觀念，而根據巴克萊所說，你只能夠對家族般的觀念群有個概念。我們的感官知覺裡會有結構，你的感官知覺跟我的可能會有相似之處，不過我們自己並不是物理上的實體。沒有對於物質的融貫概念；只有來自靈魂的觀念生產。你能形成概念架構的東西，就這樣而已。

在這時，我們大多數人會感覺到有什麼事情出錯了，而且你想著，我們可以就這樣檢視這個推論，然後問我們怎麼達到這種立場嗎？沒有離開這裡的出路嗎？

・在不同層次上描述世界

沃　所以有出路嗎？

坎　我想是有條出路，但對於我們與世界的關係，科學告訴我們的那幅自然圖像，我們得徹底地重新思考。對於任何想堅持有個物理性世界，也有意識這個觀念的人來說，你必須在某一刻說：科學與關於意識經驗的話語，描述的是同一個世界，不過是從不同的層面說的。人總會說「在不同的層面上」，然後用手做出切割的動作，然後說「嗯，不同層面！」好像這樣就把事情釐清了似的。不過雖然這樣做沒有釐清一切，卻一定是正確的起點。

不過一旦你有了對於現實的描述會有不同的層次這個想法，你可能從一開始就打對了牌。我的意思是，我們通常認為量子力學是在告訴我們「外頭」沒有別的東西，就只有基本粒子跟基本作用力，顏色等是由心靈投射出去的。我們不必接受這個。我們可以說顏色也在外頭，氣味與滋味是世界的客觀特徵，只是它們是在不同的層次上描述世界，在科學描述它的層次上。

沃　那麼明顯的反例怎麼辦呢？在不同光線下，一個物體看起來有不同顏色；一根棍棒可能在水裡看起來是彎的。結論肯定是沒有絕對正確的方式，可以獨立於我們對世界的認知來描述這個世界，不是嗎？

坎　嗯，如果你只拿「在水裡看起來是彎的」來看：棍子是彎的或者看似如此，是完全客觀的事實。它可能看起來是彎的，但卻不是。我認為這只是普通的常識。所以，雖然人可能會對於事物的狀態、或者東西有什麼顏色等犯下錯誤，這些東西確實有顏色。在你買一件襯衫的時候，你可能會說：「嗯，我知道它在這裡看起來是黃色的，不過我只想確定一下。」你認為理所當然，物體真的有顏色，物體也真的有形狀。當然，我們會犯錯，而且有時候它們看起來不像它們實際是的形狀，還有其他諸如此類的狀況，不過說關於這一切其實是有事實存在的，是完全一致的。

沃　這樣的話，那對我們來說要怎麼看待幻覺，因為如果有人在幻覺中看到某個東西，物體跟對物體的經驗之間的關係，肯定不是很直截了當的？

坎　肯定可能有個幻覺，讓你無法把它跟比如說一把匕首分辨開來。哲學家有時候似乎活在一個這些事情極為常見的世界裡，但事實上這種事相當不尋常。如果你無法分辨一物與另一物之間的差別，有時候是因為在這兩個東西非常相似。如果你無法分辨天然珍珠跟人工珍珠之間的差別，也許是因為化學上來說，它們是非常相像的。不過也有可能你無法分辨兩樣東西，是因為你不是很擅長那些在物體種類之間的差異。

現在，在巴克萊勾勒的圖像上，在感官知覺或經驗上，無論你是否有幻覺，都有同樣的感官知覺。無論你看見的是一把匕首，或者是一把匕首的幻覺，這個感官知覺本質上是一樣的。那就是為什麼你無法分辨兩種狀況的差別。我建議的是一種相當不同的分析。根據這種分析，你看見一把匕首的時候，還有你有個關於匕首的幻覺的時候，這些是本質上相當不同的狀態。只是我們不是非常擅長分辨兩者之間的不同。在其中一個狀態下，沒有匕首作為你經驗中的構成元素。在另一個狀態下，一把實際的匕首跟它的顏色、質地等是真正牽涉在內的。這些是非常不同的狀態，而且你可能因為個人辨別能力上的限制，而無法分辨它們之間的不同。

・物體的性質與感官知覺

沃　所以，你是在說巴克萊的起點，就是我們不可能把世界真正的性質，跟我們投射上去的性質分離開來，這只是個謬誤？

坎　沒錯。這是今天仍然與我們同在的事情。我想教育程度最高的人也會理所當然地認為，顏色是透過心靈投射到世界上的。但我認為這個概念真的沒有良好根據。科學能告訴你的，就只有在某一個層次對世界的敘述中，我們不談顏色；顏色退出了。那並不證明顏色是心靈的作品。這只證明我們在此必須談到不同的層次。

腦科學家勤奮不懈地在腦內追獵，一會關注這部分的神經元放電，一會關注那部分的神經元放電。他們說：「現在，對顏色的感官知覺到底在哪裡？對於我們周遭物體的感官知覺到底在哪裡？」而這些東西在哪兒都找不到。這樣非常、非常令人困惑。大家說：「嗯，也許這非常非常複雜，而我們需要精密的數學分析去找到顏色的感官知覺。」但當然有個很自然的疑慮是，不管對神經元放電的數學分析有多複雜，還是找不到一個顏色的感官知覺。我在暗示的是，這是因為我們找錯地方了。顏色在於它看起來像在的地方，**顏色是在世界之中**，顏色是我們周遭環境的一項特徵，而不是我們大腦的一項特徵，對於顏色的經驗，是大腦讓我們跟這玩意接上的那種關係。

沃 你說的聽起來像是常識。物體是在外界的，它們有性質；我察知到它們，它們或多或少就是看起來那樣子，而我的意識經驗只是我面前之物的一種鏡像。現在我知道有許多哲學家，他們聽到這段話會說：「這樣很天真，察知的心靈對於我們針對物體做出的詮釋，做出巨大的貢獻，意識經驗有一部分一定是這樣子。」

坎 你是對的。首先，這是常識，而且在某種意義上這是天真的。這是試圖復原在科學衝擊之前，我們與自身周遭環境的關係圖像。我不同意的是：大腦對於我們描繪出的世界實況圖像，有著巨大的貢獻。我們不該像那樣思考這一點。如果從演化的觀點來思考，你之所以擁有大腦，不是為了產生一堆跟實際發生之事毫無關係的感官知覺。為什麼你會想要這種東西？我指出的圖像是，我們根據常識認為在外界的所有東西，真的就在那裡，所有腦部處理歷程的功能，就只是讓我們看得到它。這樣確實要用上很多的大腦處理歷程，我們有大腦是非常重要的。不過大腦的功能是向我們揭露世界，而不是生產出一大堆隨機的垃圾。

科學革命似乎拿走了這個觀念：有個我們共同擁有的世界，一個我們分享的世界。因為，畢竟發生的事情是在這個世界裡共通的東西，是這個有著奇異作用力的世界。發生在我內部與你內部的一切，正在產生你體內的感官知覺，也在產生我體內的感官知覺，而就我們一切所知，它們是完全不同的感官知覺。所以，科學革命真的讓我們對彼此封閉了。這讓我們有了現在的他心問題；根據這個問題，我們永遠不會知道彼此心靈裡發生什麼事。現在，如果你恢復到常識世界，如果你說顏色等都在那裡，這只是對於科學描述之中，獨立於我們之外的同一個世界所做的高階描述，那麼發生在你經驗中的事情是，你正在遭遇的跟我所遭遇的是同一個性質的世界。所以，你的經驗是否跟我的經驗在性質上相同，這個問題並不存在。因為我們全都遭遇的是同樣的性質世界。

約翰・坎貝爾（John Campbell）是加州柏克萊大學的威利斯・S與瑪麗昂・史魯瑟教授。他曾經出版《過往、空間與自我》（*Past, Space and Self*）以及《指涉與意識》（*Reference and Consciousness*）。

· 11 ·

聊聊休謨的重要性

彼得·米利肯vs沃伯頓

大衛．愛德蒙茲引言

在休謨臨終之際，他讓詹姆斯．包斯威爾[8]很憂傷，因為他冷靜地等待死亡，同時拒絕擁抱神或不朽。很多人認為休謨是有史以來最重要的英語系哲學家：到現在哲學家仍然努力解決他對於因果關係、歸納法、道德的觀念造成的問題。他是個無神論者，或者只是不可知論者，這是個可以爭論的問題。彼得．米利肯，一位休謨專家，相信他沖淡了對宗教的批評，是為了慎重行事，而且這樣才不至於跟他的朋友疏遠。米利肯論證說，休謨的宗教觀點整體來說符合對人類理性更大範圍的批判。而休謨對於理性極限所說的話，就是他真正的重要意義所在。

奈傑爾．沃伯頓（沃）　我們聚焦的主題是大衛．休謨的重要性。對許多人來說，他是最偉大的哲學家。你可以稍微說明一下他是何許人，還有他的作品為什麼意義這麼重大嗎？

---

8 譯註：James Boswell（1740-1795），英國傳記與日記作家，最知名的作品是《約翰生傳》（*The Life of Samuel Johnson*）。

彼得．米利肯（米）　大衛．休謨是近代早期（十七與十八世紀）的重要哲學家之一。一般公認他是英國經驗論者三巨頭之一，與洛克及巴克萊齊名。不過我認為休謨有比這更大的重要性。他跟該時期的所有其他哲學家判然有別，他是近代思想家中真正的第一人，對於人類理性發展出一種自然而然、更屬於達爾文陣營，而非屬於笛卡兒、亞里斯多德或任何其他前輩思想家陣營的觀點。

沃　在休謨之前出現的是什麼，還有他反對的是什麼？

米　你在整個近代早期看得到的，就是針對大半建築在亞里斯多德之上的中世紀世界所做出的反動。亞里斯多德的世界理論是奠基於這個觀念之上：一切發生的事基本上可以從目的方面來理解。你不但可以從上帝的目的來了解事物在世界上運作的方式，也可以從事物本身的目的來理解。所以，如果你問一顆石頭為什麼在你放手的時候落在地上，答案是它努力要抵達宇宙中心。為什麼天體繞圈運行？它們努力繞圈運行，盡可能貼近地模仿神聖的完美，就是諸如此類的說法。

此刻在近代早期發生的事情是，隨著科學發展，尤其是隨著與亞里斯多德有關的天神理論被推翻（伽利略的望遠鏡觀察在此扮演了一個重大角色），這幅圖像變成由奠基於機械科學的世界觀取代了。像是伽利略與笛卡兒這樣的人，沒有把事物行動的方式看成由目的或努力決定，反而把自然視為基本上**因果性的**，而且是**機械性的**因果性。為什麼某樣東西會動？噢，因為有別的東西猛然擊中它，或者撞到它等，導致它移動。

在英國，像是羅伯特．波以爾[9]、洛克跟牛頓這樣的人，把這個說法更推進一步。他們視為亞里斯多德之上的一大進步，因為用機械性物理定律取代了物體之間的神祕力量互動，自然界變得可以理解了。這神祕性的觀念是，物質可能努力達到某個位置，或者諸如此類的概念。

・推論並非理所當然

沃 所以，休謨是在什麼地方登場？

米 休謨所做的，是拿著這個可理解性的概念說道：「各位，實際上呢，你們並不真正了解事物為何那樣運作。」在當時，大家習慣指著像是重力之類的東西說道：「重力是個真正的問題。我們怎麼解釋事物如何能夠隔著一段距離吸引彼此？機械性因果關係，用來解釋撞球——那很好，不過重力的問題大得多。一個行星如何能夠被太陽吸引？必須知道太陽在哪裡，才能往正確的方向加速，而那看起來很可疑，像是現在每個人都棄絕的那種神祕奮鬥力。」所以大家把重力看成一個真正的難題。

9 Robert Boyle（1627-1691），愛爾蘭自然哲學家，在物理與化學方面都有重大成就。

此時休謨做的事情是，他說：「不，實際上你對於重力會抱持的那種難題，在撞球的互動中應該也要有。在一顆撞球撞上另一顆的時候，你認為你了解它為什麼導致另一顆球動了。你認為這是可以理解的，但其實不是。」

沃 好，讓咱們以撞球碰撞為例吧。我撞到了白色的球，白球撞到紅球，紅球動了：這種運動是以某種方式從一個傳遞到另一個的。我可以看到結果的起因。

米 很難讓自己抽離這種看待事物的自然方式。休謨有個可愛的思想實驗可以闡明他的論點。他要求我們想像神創造的第一個人亞當，擁有完美的人類認知功能：視力完美、感官全都運作良好等。假定神剛創造亞當，而亞當看到他面前有個撞球朝另一顆撞球移動。神對他說：「亞當，你認為在那顆球抵達另一個球那邊的時候，會發生什麼事呢？」

就算只是開始搞清楚到底發生什麼事，亞當怎麼可能辦得到呢？也許這顆球會停下來，也許第二顆球會動，也許第一顆球會往某個方向彈開，也許第二顆球會變成一隻青蛙。他無法訴諸過去的經驗，怎麼可能會知道兩顆球相碰的時候會發生什麼事？他不可能知道。而這訊息是，每當我們做出像這類「會發生什麼事」的推論時，我們總是動用過往的經驗。然後大問題是，我們有什麼權利這樣做？

‧從過去推論未來只是想當然耳

沃 我們有什麼權利那樣做？想到過去發生什麼事，然後假定這件事會在未來照著同樣路線繼續下去，似乎相當合理。

米 在某種意義上說，休謨沒有否認這一點，這是完全合理的。不過他想聚焦的重點是：我們沒有對於事物本質的洞見，能引領我們做出那種假定。這是個非常自然會做出的假定；我們確實會理所當然地認為，過去發生的事大致上會在未來繼續發生。但休謨又有一個非常好的論證。他問道：「我們有什麼立場可以從過去推斷未來？」這並不是不證自明的：你可以條理連貫地想像，這件事沒有以相同的方式繼續到未來。同樣地，你不能給出任何一種演繹推論式的證明說它會繼續下去，因為它要是沒有繼續，條理也完全連貫。而沒有一樣你從物體上感覺到的東西，舉例來說，感知到撞球的時候，沒有一樣你直接透過自身感官得知的事物，告訴你它會在未來如何行為，就像我們在亞當的例子裡看過的。所以我們有其他手段嗎？唯一的方法是訴諸經驗。但訴諸經驗就是我們設法要辯護的事。所以在你設法製造任何辯護、任何論證、任何理由從過去外推到未來的時候，你就是辦不到。

沃 所以你是在說，對休謨來說，設法辯護未來會像過去的觀念（透過說明「在過去，未來總是像過去一樣」），幾乎就像是拉著自己靴子後面的拔靴帶，想站起來：這並不是辯護所謂歸納推論的理想辦法。

米　正是如此。那種辯護方式，只有在你已經被說服，認為歸納法是理性推論方法以後才有效。

．歸納是種動物直覺

沃　想來休謨會說，我們只是仰賴某種自然傾向，去把未來看成像過去一樣，以同樣方式繼續進行。

米　對，沒錯。休謨仍然不想說我們那樣做是錯的。他提出的重點是，當我們用那種方式做外推的時候，是在仰賴這種沒有理性的動物直覺，領著我們去期待將來就跟過去經歷過的一樣。他並不是說我們不該這樣做，而是讓我們察覺到它的基礎是一種假設、一種動物直覺；而這並不是奠基於任何一種神一般的洞察力，知道事物為什麼照它們現在這個方式運行。

沃　我們必須把人類看成動物界一部分的想法，在十八世紀一定相當激進。

米　確實非常激進。我們先前講到對世界的機械性觀點，在十七與十八世紀變得非常流行。但人總是被排除在外。所以，例如像笛卡兒把動物想成只是物質機器，但很著名的是他在心與物之間做出非常徹底的區別。而十七世紀有個非常出名的討厭鬼是唯物論者霍布斯，他否認有個非物質的世界；他說**一切**都是物質性的，這在十七世紀是遭人厭惡的想法。人甚至會因為拒絕承認女巫之類的事物存在而被批評，因為對於當時的世界觀來說，雖然物質世界可以從因果上機械化地被理解，也有另外一個精神性的世界，一個屬於心靈的世界，這跟物質世界相當不同，而我們人類也參與其中，這點是非常重要的。

沃　休謨作品中另一個重要的相關面向，是他針對某些標準的神存在論證所做出的「攻擊」——我無法換個別的字眼來描述。

米　對，雖然許多年來，大家其實不認為這點是休謨的哲學使命核心，我認為這想法相當錯誤；說真的，休謨在宗教哲學領域裡寫的東西，多過他在哲學其他領域的作品。在早期作品中，他傾向於自我審查；舉例來說，他從《人性論》中拿掉了對奇蹟的討論。然後他在晚期作品《人類理解研究》，回來談宗教，而且批評得很厲害，論證說宗教禁不起理性細察。休謨採取這個路線，可能看起來讓人非常困惑，因為許多人認為他是個「不理性主義者」。如同我們先前所見，他確實對於理性的託辭很懷疑，但事實上，他在同時也非常贊成科學又反對迷信，這是個微妙的平衡。我們已經見識過休謨把科學推論的基礎削減到一種動物直覺——期待未來與過去相似的直覺。但接著他想鼓吹這種推論，並且說我們就**應該**這樣理性思考世界，因為這提供了我們從經驗中學習的唯一基礎。

沃　這怎麼樣應用在關於神存在的特定論證上？

米　或許最清楚的例子，而且也是個非常優雅的例子，是休謨在《人類理解研究》裡對奇蹟的討論。想像你是個宗教信徒，你的信念基礎在於奇蹟故事。想像你說：「某某人告訴我一個奇蹟，而且我相信這件事。」休謨做的事情是這麼回答：「等一下，為什麼你相信他們說的？」答案必然是你相信某某人說的話，是因為他們通常會說實話。然後休謨就在此指出，你在仰賴歸納推論，你在仰賴因為某人過去通常說實話，有好理由認為他們將來也會說實話這個假設。可是在這種狀況下，你應該要前後一致。如果你要用歸納推論當成信念基礎，那麼你也應該把歸納推論應用在你對事物如何運行的理解上。

不過你從來沒體驗過（假設是）雕像哭泣的事。所以，如果這個人告訴你，他看到一座雕像哭泣，就產生衝突了。一方面你有歸納性的證據，說他們傾向於說實話，這樣是有利於肯定雕像哭泣的說法。但另一方面，你有你自己對於雕像的經驗，這經驗告訴你雕像不會哭。所以，宗教信徒到最後得到兩種歸納論證之間的衝突，而休謨大致上說的是，奠基在關於雕像自然一致性的論證，總是會打敗另一個論證，因為我們從經驗中知道人確實會犯錯，他們容易受制於幻覺，而且也會撒謊。

‧隱形的無神論者

沃 在休謨對世界的描述中，有神的容身之地嗎？

米 沒有，我認為休謨實質上就是個無神論者。

沃 這很有趣，因為有一大堆人仔細讀過他的作品，認為他不是無神論者，而是非常有懷疑精神的不可知論者。

米 在神存不存在的問題上，很難確定休謨的立場。這是完全可以理解的，因為在他寫作的時代，你可能因為沒有信仰就會被迫害，而他如果明白宣示他是個無神論者，肯定會讓很多朋友跟他疏遠。所以，這需要從休謨的文本裡花點力氣解讀字裡行間的訊息。舉例來說，他傾向於寫些在開頭還有（或者）結尾段落暗示他是信徒的文章。但接下來你看中間的所有論證，它們指向的是相反的方向。實際上這在當時是一個非常常見的技巧，被稱為「神學上的撒謊」。休謨談靈魂不朽的論文是個完美的例子，但就算文章的第一段跟最後一段訴諸信仰來為死後生命辯護，在他生前這篇文章還是被認為太過危險無法發表。在他快要死去的時候，他告訴詹姆斯‧包斯威爾，他認為對不朽的信念是荒謬的，包斯威爾的沮喪之情則說明了為什麼休謨必須這麼小心翼翼。

沃 做個總結：休謨的重要性，在於他攻擊了這個觀念——我們有種理性功能，容許世界對我們來說是透明而可理解的，還有他把神從這幅圖像裡移除了。

米 對，就是這樣。這是一個銅板的兩面。在休謨之前，人想像世界是由一個神聖的智慧設計出來的，而且把我們的智慧、我們的心靈，都視為神賜予的，好讓我們能夠理解祂的創造有多麼錯綜複雜。所以這兩者在某種程度上是齊頭並行的。休謨所做的是拿掉神聖的造物者，而且他說我們沒有理由假定世界是由一個完美的存在所創造的。他或許也免不了讓我們遠離自身地位高於自然的野心，所以我們不該認為我們的理性是一個神聖功能的弱化副本，反而應該視為一種動物功能的增強，而且是非常強有力的實例。我們不該力求任何一種神一般的觀點，反而應該接受我們只是聰明的動物，並且隨之調整我們的期待。我們還是可以透過觀察跟實驗，力求找到世界如何運作，但我們無法期待任何對於世界**為何**如此運作的終極洞見。而正是同樣的教訓，被應用在我們對自己的理解：我們完全是經驗世界的一部分，並非屬於某個分離的精神世界。

彼得・米利肯（Peter Millican）是牛津大學早期近代哲學副教授，也是賀福德學院（Herford College）的吉伯特・萊爾研究員（Gilbert Ryle Fellow）及哲學導師。他是《閱讀休謨論人類理解》（*Reading Hume on Human Understanding*）的編者，也是牛津世界古典版叢書中休謨的《人類理解研究》（*Enquiry concerning Human Understanding*）編者。

12

聊聊亞當·斯密論人類是什麼樣

尼克·菲力浦森vs沃伯頓

大衛．愛德蒙茲引言

亞當．斯密是經濟學家中最著名的一位，他對哲學的貢獻比較不為人知。身為十八世紀蘇格蘭啟蒙運動的關鍵人物之一，斯密在格拉斯哥大學教道德哲學，而且是休謨的密友。他的第一本書《道德情緒理論》（*The Theory of Moral Sentiments*），現在鮮少有哲學家讀了，不過或許那是本該讀的書。如果斯密沒要求遺囑執行人銷毀他的文件，我們對他的了解會更多。不過已經從愛丁堡大學退休的尼克．菲力浦森，把剩下的證據拼湊在一起，寫出一本備受讚譽的斯密生平傳記。那麼，還有誰比這位對斯密充滿同情理解的傳記作者，更適合來說明「同情心哲學家」斯密呢？

奈傑爾．沃伯頓（沃）　我們談到亞當．斯密跟他對於人類是什麼樣的觀念。斯密身為經濟學家是世界知名的，但並不是大家都知道他是個哲學家。然而你認為他是個偉大的哲學家。

尼克．菲力浦森（菲）　他是個偉大的哲學家，不過他的哲學已經沉到池底，而且這些年來他已經變成一書作家：《國富論》（*The Wealth of Nations*）的作者，還有一種特殊經濟理論的作者。實際上，在他的人生盡頭，他說他偏愛第一本書《道德情緒理論》勝過《國富論》。

沃 在那本書裡，斯密跟好友之一休謨採取類似的路線。

菲 對，沒錯。休謨與斯密在一七四〇年代晚期相遇，當時斯密二十來歲。斯密在接下來十年教授哲學，開了修辭學、道德哲學跟法學講座課程。他也在法學課程裡連帶提到他對於經濟學的第一批想法。對於歷史學家來說，問題是：他打算做什麼，到底發生了什麼事？

・為了生存必須合作，為了合作需要交換

沃 所以到底發生了什麼事？

菲 嗯，事情是關於啟蒙主義者陣線裡最熱門的主題：就是建構一個人的科學，這種科學會解釋人類怎麼會變成現在這個樣子，文明如何採取了現有的型態，還有人類跟政府，應該怎麼樣在他們發現自己置身的環境中行動。要回答這一切問題，你必須從定義人類是什麼開始。

沃 他的哲學前輩把人類視為堅持己見、自私、自我中心的實體、社會中原子化的個人，他們在社會中把彼此撕成碎片。舉例來說，霍布斯就以抱持這種觀點而聞名。斯密是怎麼想的？

菲 斯密並不擔心人類把**彼此**撕成碎片；他擔心的是人類在創造的黎明被野獸撕成碎片。在他的學生做的講座筆記裡，有一則對於人類社會開端的迷人描述。這是推測性的，或者他所

謂「推測性」的說明。斯密說，人類是所有動物中最弱的。他們的身體很弱；身為個體，他們無法跟任何其他動物競爭：他們不能跑、不能打、又沒有體毛（其實這點他說錯了），所以會凍僵。直白地說，除非學會合作，否則他們會死。在他對於人類從哪裡來的早期說法裡，有個概念是，為了合作你必須交換，那表示發明某種語言。在剛開始的時候，這件事可能關乎運用手勢跟聲音，像是警告某個人樹後面有老虎。隨著時間，這會變得更細緻。斯密從中發展出一個語言理論，解釋我們怎麼樣變成語言使用者，使用能夠表達複雜抽象思維的語言與文法。而這很重要，因為越常使用語言、越增進語言技巧，跟其他人溝通合作就越容易，就變得越有社交性。他繼續說明，這是一個關於人類如何彼此交換貨物、服務跟情緒的緊密交織研究。

・財產與人的概念同一化

沃　霍布斯在他的「自然狀態」下，讓人放棄了他們對安全的自然權利。霍布斯體認到生命在自然狀態下的脆弱性：你一去睡覺，不管有多強壯，某個體弱的人都可以過來殺你。斯密對於自然狀態的說明，跟那差別有多大？

菲　斯密不認為人類必然是像那樣獵殺成性：野獸比其他人類可怕多了。然而無疑為真的是，有些人類有掠奪性，而某些人類必須非常小心地對待。我們開始染指別人的所有物時，我們可能會學到這個教訓。換句話說，不太可能有人會為了熱愛宰掉我的感覺而設法要殺我——咱們先忘掉原始世界裡的精神病態者。更有可能的是他們會設法擰斷我的矛。在有這麼多貨品共享的原始社會裡，這可能不太重要。真正重要的是，當我們發現自己住在一個物資匱乏，要為周遭事物競爭的世界時。那時候就會開始把像是一片土地這樣的物品視為「我的」。一旦發生這種事，我們就會變得有攻擊性，理由是保護我們覺得是「我的財產」的東西，並不必然是因為這些東西本身的使用價值。這是因為我們把試圖搶走「我的財產」視為對我的攻擊。在這個交換的世界裡，還有在物資供應有限制的世界裡，財產與人的概念變得同一了。

而跟這接合在一起的，是人涉及關於財產權複雜交易的世界——一部分跟榮譽有關，一部分跟物件有關。而當這種事發生時，你立刻把那個權利想成某種需要被保護的東西。而這需要某種會強力執行這種權利的行政長官。政治社會就誕生了。

沃　斯密跟休謨的同代人之一的盧梭，把文明的歷程看作是腐化了某種在自然世界存在過的純粹之物。斯密是這麼看的嗎？

菲　對，是的。這是斯密道德哲學裡最迷人的面向之一。故事要回到一七三六至四〇年，他在格拉斯哥大學的學生時代，當時有人介紹他讀英國哲學家伯納德．曼德維爾（Bernard Mandeville, 1670-1733）的作品，他是你能夠讀到最歡樂有趣的哲學家之一，對盧梭也有很大的影響。曼德維爾想解釋，動物中最自私的人類怎麼會被轉變成馴服又容易對付的社會性動物。

他用妙趣橫生的方式談到教育過程跟我們的保母、老師與行政官員，軟硬兼施為了逼我們進入一種社會奴性狀態而玩的種種把戲。斯密在為《道德情緒理論》的文本工作時讀過盧梭，而且被盧梭扭曲曼德維爾理論的方式所震懾：盧梭的出發前提是，人類天生是種簡單純粹物種，受到社會腐化，然後變成自己都不太認得出的造物。斯密並不反對文明化過程的影響會把我們改變得面目全非，不過他不同意盧梭認為這是一種腐化的看法——而我把他的《道德情緒理論》，視為對盧梭理論的一種持續回應。

・虛構的無私旁觀者

盧梭說社會教育確實有把我們變成別人的效果，他認為此說完全正確，但那還不是故事的結局。社會化是比盧梭跟曼德維爾理解的還要複雜的過程。當然，它始於我們做出相當可鄙的事：設法照著會取悅別人的方式行動，但過不了多久就會領悟到，我們無法時時刻刻取悅所有人。所以接下來發生什麼事？我們做某件非常簡單自然、但沒有人曾經理論性地思考過的事情。我們避開人群。我們轉向自己的內在，跟自己展開內部對話。斯密描述這是跟一個虛構的人對談，一個他稱為無私旁觀者的虛構人物。事實上，最後我們對心中這個虛構人物意見的尊敬，很可能變得很強烈，甚至讓我們害怕他的不贊同勝過真人的不贊同。斯密認為這種日常實踐，對於塑造人格的重要性無遠弗屆。這會變成習慣性的一種實踐，教我們靠自己，也給我們良知。這是一種我們開始重視的自我依賴，不只是因為這種行為本身的價值，也是因為其他人通常對此保持的仰慕態度。所以悖論在於我們**確實**變得讓過去的自己認不出來了，就跟盧梭說的一樣，但我們變成了我們認為自己想成為的那個人。

沃 斯密實際上有個故事，可以講講這個無私旁觀者是從哪來的嗎？因為這似乎神祕兮兮。我們的良知是來自神所賜予的靈魂嗎？

菲 不。畢竟斯密是休謨最親近的門徒，而休謨是歐洲最知名的無信仰者之一，而且他決定產出一種在任何論點上都不仰賴宗教假設的哲學。休謨與斯密兩個人都深信，所有科學與哲學系統——實際上，是所有的人類思想——都根植於想像。考慮過其他一切以後，無私旁觀者是想像的一種臆造，一種虛構，而悖論在於我們開始重視這個虛構實體的臧否，勝過真人的臧否。

・經濟學背後的社會心理學

沃 現在，我對斯密經濟學理論的有限知識全都是關於「看不見的手」，資本主義為所有種類複雜協商提供的最佳解答。我們應該讓自私的個人在市場上爭鬥出最佳價格，而那樣對所有人的益處，超越任何有組織的系統。

菲　這是我們全都有的反應。有一隻看不見的手調和私領域與公領域利益，這個觀念一直被說是斯密最強有力的觀念——在論辯上肯定是強有力的。這麼說很乏味，但這其實對於貿易理論家斯密來說並不古怪。身為經濟學家的斯密在歷史脈絡下，應該被看成這樣的人：他論辯反對，這種相信限制土地、勞力與資本市場運作，才最能夠增加王國的財富與安全的文化。斯密想證明這個體系不會增加國內生產毛額，或者有助於地主、商人與工人的長期利益。大家常常忘記的是，斯密在關於市場自由化的事務上是現實主義者。他完全清楚知道，許多既得利益者認為自由化有損他們的利益，而他比大多數人更清楚，這可能導致嚴重而危險的政治危機。他想要的是謹慎的、一點一點的自由化改善。事實上值得記住的是，斯密可能是個偉大的哲學家，但他也是非常審慎的。他不認為經濟學或哲學可以變成一種精確科學，因為沒有一種科學能辦到。另一方面來說，他的門徒並不這麼認為。而關於《國富論》的命運，其中一個哀傷的故事是關於嘗試把他的原則變成一門自然科學的基礎。

沃　但是說斯密把商業交易看成一種文明化的力量，不是很公平嗎？

菲　是很公平。商業交易容許你部署你的商品與資源，增加他所說的你個人的「舒適與方便」。這是個自由化過程，會增加人與人之間的交流。越多人受到鼓勵交換物資、服務與情緒，他們就越會開始信任彼此，社會也會變成更好的地方。所以整體而言，商業貿易對社會行為有種改良式影響。不過他不否認商業貿易會出現一些相當糟糕的人，他們認為貪婪是好的。確實，關於斯密經常被遺忘的事情之一，就是他認為當時政府的任務之一，就是特別留意「貪婪很好」軍團。在那個時代，組成這支軍團的銀行家沒像商人這麼多。他並不懷疑我們需要這些人，但他們肯定需要受到監視。

沃　每個人都知道可以從亞當·斯密的經濟學理論中學到一些事情，不過我們應該從他的哲學裡帶走什麼東西呢？

菲　這是非常有趣的問題，而且以前從沒人問過我。我的學生全都一樣，從《道德情緒理論》中得到的收穫比《國富論》更多。我想理由在於人類行為有內在的趣味性。斯密鼓勵我們去思索人在社會中互動的方式、他們判斷他人的方式，還有他們判斷自己的方式。他要我們去思考，倫理學與社會心理學是攜手並進的，而且全都關乎小心翼翼地思考我們無論如何都會做的事情。他把哲學帶進一般人的生活。他給我們一種複雜卻能服人的說法，說明我們怎麼樣設法體面地活著，安於自我跟我們周遭的人。他讓我們全都成了哲學家。

尼克·菲力浦森（Nick Phillipson）在愛丁堡大學任教，二〇〇四年退休。他現在是愛丁堡的歷史、古典與考古學院的榮譽研究員。直到二〇一一年為止，他是《現代知識史》（*Modern Intellectual History*）的創辦編輯。他的著作包括《亞當·斯密，一段啟蒙人生》（*Adam Smith, An Enlightened Life*）以及《大衛·休謨，身為歷史學家的哲學家》（*The Philosopher as Historian*）。

· 13 ·

聊聊盧梭的現代社會

梅麗莎·藍恩vs沃伯頓

大衛・愛德蒙茲引言

馬克思把工業革命及其不義，看成一種通往共產主義烏托邦不可避免的階段。不過在馬克思之前，有另一個對於所謂「進步」的尖刻批評者。盧梭是個知識界名流，他是一位哲學家、小說家、音樂學家、教育學家、論戰家、寫了一本可說是歷史上最有影響力的自傳《懺悔錄》（*Confessions*）。他在一七一二年生於日內瓦，死於一七七八年。工業革命正要來臨，但他的巴黎朋友，雖然後來大多數都反目成仇，卻全是對藝術與科學進步充滿喜悅的參與者。然而盧梭抱怨著現代社會，還有藝術與科學中對於進步的觀念；他發出警告反對城市，還有城市的「黑色煙霧」；他謳歌自然。梅麗莎・藍恩是普林斯頓大學的觀念史家與政治理論家……

奈傑爾・沃伯頓（沃） 我們將聚焦在盧梭跟他對現代社會的批評。可以請妳稍微說明一下盧梭是何許人嗎？

梅麗莎・藍恩（藍） 好。盧梭是十八世紀的瑞士日內瓦公民。在後來的人生裡，他會大量利用這一點，因為他對現代社會的一部分批評是對法國人的批評，他在那裡締造他的職業生涯。他讚頌並理想化日內瓦更純粹些的共和國價值。盧梭在一些偉大人物（像是法國駐威尼斯大使）家中，過著身為祕書的有趣遊歷生活。在此同時，他也過著比較沒那麼名譽的生活，他跟一位情婦生下了五個私生子。在青年與中年時期，他是百科全書派男士的朋友與同伴。規模宏大的百科全書計畫，是為了頌揚所有藝術與科學的進步。狄德羅與伏爾泰是與之相關的其中兩位偉大人物。

・自由交易帶來的社會新秩序

沃　在我們著手談他的批評之前，先說啟蒙運動的理想是什麼？

藍　嗯，某些分支的啟蒙運動讚揚藝術與科學的進步，特別是我們後來稱為商業社會的發展。商業社會是由人類的欲求以及需求所驅動的。對商業社會的讚揚，是從對共和政治的批評裡成長起來的，共和政治仰賴一種概念：人有道德，能自我控制，還能限制他們的欲望，以便維持他們作為公民的奉獻。根據這種讚揚，在商業社會中，如果我們彼此交易，將會可以更加繁榮、更加和平；人消費奢侈品的私人小惡，可以用一種新的方式把社會凝聚在一起。這樣可以把和平、秩序與成長建立在貿易與交流之上。

沃　盧梭是這個運動的一部分，他到哪個時間點開始轉向反對？

藍　有個特別的時刻。在一七四九年，他正要去法國的文森拜訪狄德羅，狄德羅因為違反審查制度而被關在那裡。而他瞥見第戎學院設立的獎金論文比賽主題。主題是恢復藝術與科學對於人類進步是否有貢獻。後來在他的自傳《懺悔錄》裡，他說在那一刻，有一種導致他說「不」的啟發降臨到他身上。而他所有對現代社會的批評，都是從那一刻流洩出來的。

沃　法國哲學家拿哪種社會來對比他們的現代社會概念？

藍　當時的脈絡是要開始應付發現新世界的狀況：先是美洲，然後是澳洲。這讓歐洲人遭遇一個關於當地人地位的問題。蘇格蘭啟蒙運動思想家會發展出一種四階段歷史理論：人從原始階段開始；然後來到獵食階段，再來是鄉村或農業階段，最後是商業社會階段。這被視為一種進步的形式，舉例來說，亞當．斯密與大衛．休謨兩個人都寫道，如果我們拿北美洲印第安人中的國王來跟蘇格蘭的農夫或工人相對照，我們會發現那個農夫或工人狀況比較好，而那是因為文明發展的過程。休謨是盧梭的同代人兼老友，直到盧梭相信休謨也轉而對付他為止。

沃　所以盧梭反對現代社會的什麼地方？

藍　在他一七五〇年發表論科學與藝術的〈第一論文〉[10]中，表達了他得到的啟發。他說

10　這篇論文的全名是〈論藝術與科學的道德影響〉（*A Discourse on the Moral Effects of the Arts and Sciences*），常簡稱為〈第一論文〉。

我們的心理跟道德，都被這種社會發展的進程腐化了，這讓我們不快樂，而且跟自己疏離。他發展出一種推測性的人類學，來形容人在自然狀態下像是什麼樣子，還有後來人類情感與情緒怎麼發展。他的觀點是，這種社會發展進程帶來一種對於他人意見的仰賴：現代社會完全是關乎必須來自他人的驕傲與尊重需求。

他在自愛心（amour de soi），也就是自我保存的情感，在良性意義上只是設法讓自己活下去的自愛，跟他所謂的自尊／自私心（amour-propre）做對比。自愛心是我的自尊，我的虛榮，其他人怎麼看我的感受。

在文明之中，我們變得完全受到自尊心驅使。這會帶著我們去跟其他人競爭，而且永遠不可能覺得真正滿足。對盧梭來說，文明的恐怖悖論是，雖然身處豐饒的社會，然而比起我們在某個野蠻往昔裸身在林地中漫遊時，現在卻更不快樂。我們的欲望開始勝過能為自己做的事，而且變得完全仰賴他人，還有其他人怎麼看我們。我們被鎖進某種爭著尋求自尊的無意義競賽裡，在這比賽裡永遠沒有人能贏；我們全都會變得很悲慘。

對盧梭來說很關鍵性的是，國王或貴族在這種秩序下，跟農夫一樣悲慘：事實上你仰賴其他人尊敬的程度越高，你的處境就越糟。

這是黑格爾主奴辯證法心理學、馬克思對布爾喬亞文明的批評的起源，還往下傳遞到佛洛伊德。這一切都有一個關鍵起源——盧梭。

沃　對霍布斯來說，社會之外的生命相當殘酷，急迫的自我中心者會為了稀少的資源而彼此競爭。盧梭就是這麼看所謂的自然狀態嗎？

藍　完全不是。有個論點是盧梭從根本上挑戰霍布斯的地方，雖然在其他方面他的政治學大大獲益於霍布斯。在真正的自然狀態下，盧梭有個想像是，人是非常孤獨的生物，和平地到處遊蕩，只有偶爾相會尋求性的交流。他們是獨立而自足的。

・一個孤獨漫步者的遐想

沃　你認為這在某種程度上是反映了盧梭自己的獨處欲望嗎？

藍　喔，這是個非常有趣的想法。盧梭不認為這種到處找橡實的階段本身，是我們實際上應該加以偶像化的階段，因為他認為我們許多最佳的人類能力，也是透過互動逐漸發展出來的。所以他有個並不完全負面的可完善性概念。但他認為，我們可以嘗試把社會發展抑制在村莊或小屋的層次，我們可以從這裡發展出家庭階段。在這個階段，我們有真正的家庭之愛，而不只是偶爾為了性而會面，而我們有個非常有限的社交生活。但我們仍然照著某種原始農業方式生活：我們是在土壤上耕作的自耕農，欲望與競爭本能還沒有完全覺醒。在那個階段，我們達到在橡實收集階段擁有的同一種自足。要開始談到你的論點，關於他自己尋求孤獨的欲望，在他的最後幾部作品之一，《一個孤獨漫步者的遐想》（*Reveries of a Solitary Walker*）裡，他描述了曾經的一段戀情，還有他分享的那種完美相互理解，「就像獨處一般」。所以我想他想要的社會是像獨處一般。

沃　現代社會給我們的其中一樣東西，是人可以從過往學習，還有被其他人的錯誤與成功教育的種種方式。

藍　教育對盧梭來說是關鍵議題：他設計另一種教育方式，可以在社會生活與文化上帶給我們某些優勢，卻沒有他認為他當代藝術科學教育帶來的那些致命缺陷，藉此設法說明他的論點。他在一七六二年出版的《愛彌兒》（*Emile*）裡描述一個男孩由單獨一位導師指導的想像教育過程。這男孩受到非常小心的教育，只發展他將來能夠得到滿足的某些知性能力跟某些心理欲望。所以，舉例來說，如果他的人生中有什麼事情出錯了，他應該能被教導去歸因於自然或命運，所以他不會對此心懷怨恨──他不會認為他是被另一個個體阻撓了，那樣想可能會引導他被吸入跟另外這個人的一種心理劇（psycho-drama）之中，這樣會瓦解他自己的精神平靜。科寧斯堡的村民照著康德每天的散步時間替鐘錶對時，據說《愛彌兒》到書時，是唯一一次康德沒按時去散步。這本書讓康德極端驚艷興奮。

・對自然田園的嚮往

沃 而在這本書裡，自然扮演了一個重大的角色；不只是導師教導這個孩子，鄉村也教導了他。

藍 沒錯，而那是盧梭批評現代社會的另一個面向。進步社會的對應物，是遁入自然的能力；自然界對盧梭來說扮演了多種不同角色。其中一個角色是命運，是我們應該接受的東西。另一個角色，尤其是盧梭自己在《一個孤獨漫步者的遐想》中的晚年生活裡，則是避風港：舉例來說，我們可以在植物研究中忘卻自己，找到心靈的平靜。這對盧梭的同代人來說有重大的影響。盧梭的書在整個歐洲都是超級暢銷書，許多人都設法要在自然與田園社會中重新創造理想：舉例來說，瑪麗・安托涅特皇后以深深浸淫在宮廷腐化生活中而聞名，但她在巴黎郊區就擁有一座小農莊。

沃 《愛彌兒》有個相當令人訝異的面向是，盧梭是親自餵母乳的早期倡議者。

藍 對，沒錯。他認為親自哺乳是滋養孩子以及滋養母子羈絆的自然方式。對於女性以及她們的角色，盧梭的觀點很重要。一方面他理想化女性，視之為母親，並且認為她們在教育兒童擁有愛的情感、以及能產生良好社會的愛國主義情操方面，扮演了很關鍵的角色。但在同時，他認為她們要做到那一點，自己就不能太理性，或者扮演太多公共性的角色。所以在一方面這對女性來說是相當令人歡欣鼓舞的角色，但在另一方面，又是很有限制性的。而瑪麗·沃斯通克拉夫特（Mary Wollstonecraft），生活時代比盧梭稍微晚一點的傑出女性主義思想家之一，因此痛斥他。

·財產權的制定是社會墮落的開端

沃　我們已經談過盧梭得獎的論文。他的〈論不平等〉繼續了其中一些主題。

藍　是的。人稱的〈第二論文〉（The Second Discourse）[11]是在一七五五年出版的。這篇論文把這些主題發展得更遠，深入它們的政治與經濟重要性與蘊含。尤其是盧梭開始認為，要為人類社會墮落／發展最糟的轉捩點負責的，是財產權的制定。在小屋林立的時代，是有財產存在，不過那其實只是關乎土地利用。對盧梭來說，後來開始壟斷財產權的能力，導致了社會分化成富人與窮人。在這幅圖像裡，不是每個人在社會發展中都被平等對待：我們現在有這兩個敵對團體，而盧梭認為從這一刻開始，我們必須對抗的不只是心理上的不快樂，還有政治上的壓迫。他開始把政治力量在社會中的起源，看成一種富人與窮人之間的交易。他問道，為什

11 〈第二論文〉就是〈論不平等〉（*Discourse on Inequality*）的簡稱。

麼窮人會同意維持財產權，為什麼窮人不去襲擊巴士底監獄，不去洗劫貴族的產業？然後他說，嗯，富人說服他們說，為了保住他們擁有的那一點點，他們應該接受對富人好處多得不成比例的法律。

沃 這是個相當激進的批評，不是嗎？

藍 這是很激進，而且的確，我想批判布爾喬亞文明的這個面向，與其對窮人階級的影響，深刻地預見了馬克思的到來。從盧梭那裡，我們可以得到對布爾喬亞階級真正的社會批評，就跟從馬克思那裡得到的一樣多，而且甚至表達得更有力量。馬克思認為布爾喬亞社會扮演了一個關鍵角色，一個歷史性的角色，也是必要的角色：這個社會提供了累積力量，最終將會帶領我們進入共產主義。對盧梭來說，布爾喬亞社會沒什麼好的。我的老師茱蒂絲．施克萊（Judith Shklar），一位偉大的盧梭學者，以前說過盧梭的社會是從底層往上看；他向我們顯示社會從被壓迫者的立場來看是什麼樣子。這又是一個西方社會與政治思想的轉捩點。

沃 你認為有哪些事情是我們可以從盧梭思想中學習到的？

藍 盧梭真正挑戰我們的是提出基礎性的問題，商業社會讓我們快樂嗎？而在一個商業社會及其代價的外顯化，已經造成了生態危機，這些是盧梭迫使我們去想的深刻問題。商業社會要求的欲望與欲求循環能支撐多久？舉例來說，對於廣告工業的批評，它們用讓人永遠無法完全滿足的方式，持續喚醒對競爭、地位與自我廣告的欲望：我們永遠需要再多一樣商品，從這方面來說，這種批評簡直可以是由盧梭寫出來的，而盧梭也能夠用極好的方式預言這一點。

沃　就像某些古典哲學家，盧梭不只是寫到這些觀念，他實際上還設法身體力行。

藍　他確實是。因為這個理由，《懺悔錄》在西方歷史上是有深遠重要性的紀錄。他讓自己的人生變成一種範例：一顆獨特、純粹而有德的心靈，在某種程度上被他的同代人、那些啟蒙運動哲學家——他跟他們每個人都起過爭執，然後斷交——激怒、利用、拋棄、背叛。在人生中的某個時間點，他離開了巴黎，住在鄉間，背對著巴黎的奢華生活。在巴黎被視為文明世界中心的時代，這樣做是非常有意義的事。

梅麗莎・藍恩（Melissa Lane）是普林斯頓大學政治學教授，也是人類價值大學中心（University Center for Human Values）的價值與公共生活學程主任。她的著作包括《柏拉圖的〈政治家篇〉中的方法與政治》（*Method and Politics in Plato's Statesman*）、《柏拉圖的後裔：柏拉圖與蘇格拉底如何還能俘獲現代心靈》（*Plato's Progeny: How Plato and Socrates Still Captivate the Modern Mind*），二〇〇七年企鵝版柏拉圖《理想國》的導論，以及《生態理想國》（*Eco-Republic*）。

· 14 ·

聊聊艾德蒙·伯克的政治

理查·博克vs 愛德蒙茲

奈傑爾．沃伯頓引言

在政治之霧降下的時候，可能很難看清楚。今日被視為現代保守主義奠基者之一，十八世紀思想家艾德蒙．伯克結合政治經驗跟哲學洞見。伯克相信需要平衡人性兩個面向：我們的競爭性，還有服從的能力。對他來說，以自由、平等、博愛為名執行的一七八九年的法國大革命，不僅是個失敗，還是對於狂暴地拔除政治制度時會發生什麼事做出的恐怖警告。倫敦大學瑪麗皇后學院的歷史學家理查．博克，正在寫一本談艾德蒙．伯克的書。

大衛．愛德蒙茲（愛） 我們今天要談的主題是艾德蒙．伯克。你可以解釋一下艾德蒙．伯克是什麼樣的人嗎？

理查．博克（博） 艾德蒙．伯克在一七三〇年出生於都柏林，有一位新教徒父親跟一位天主教徒母親。他的青春時代是在都柏林與科克的黑水谷度過的，他去上了一間教友派信徒辦的學校，然後進入都柏林三一學院，在那裡拿到他的大學學位，然後去了倫敦學習法律。他早年的職業生涯是在倫敦當一位文人，但接著他在一七六五至六六年開始進入國會政治生涯，從那以後確立了他的生活模式。

愛 他的職業生涯是由一組爭議性政治議題所界定的……

博 是的；當伯克在一七六六年進入國會時，當時的重大議題包括英國政府試圖對美洲殖民地課稅，這證明是具高度爭議性的，導致〈獨立宣言〉的出現，最終讓英國跟美國開戰。還有個火熱辯論議題是東印度公司出現在南亞，還有該公司應該怎麼樣經營其事務。同樣地，愛爾蘭的種種事件被證明很具爭議性。所以可以說，實質上在一七七六年，即將主宰他職業生涯的每件事都已經浮上檯面。法國的危機則是例外，直到他生涯相當晚的時候才浮現成為一個議題。

・支持美洲殖民地脫英

愛 我們晚一點會談到法國大革命，不過他支持跟美洲殖民地脫離關係嗎？

博 他支持美洲殖民地對抗由喬治三世代表的英國王室。我不會說他支持美國革命立場的所有面向。一方面，他擔憂美洲宗教激進主義的發展程度，還有這種主張能平息到什麼程度。然而他確實認為，應該努力贏得美洲殖民地的民意；在此，他跟下議院的許多同事立場不同，那些同事認為美洲殖民地的民意應該不予理會，應該追求一種逼迫殖民地就範的政策。他在那段時期主要擔憂的是喬治三世的野心。在他眼中，英國君主政體野心過大，因此他政治態度的一部分是站在美洲殖民地人民那一邊。然而他並不是毫不質疑地這麼做。舉例來說，他不支持把（照著當時的用語）「沒有代表，就不納稅」當成一種明智的政治觀點，因為在他看來，數千哩外的殖民地人民要在國會裡有代議士，從結構上來說就不可能。

愛 所以他的支持，從本質上來說是反對喬治三世的立場。

博 顯然如此。他是個羅金漢輝格黨人[12]，狂熱地相信喬治三世不顧在漢諾威王室治下至今一直給予輝格黨相關人士的特權地位。他們認為喬治三世設法要破壞與輝格黨的關係，藉此廢除他們的特權地位，同時接納托利黨野心人士進入政府。對於伯克跟他的朋友來說，這似乎是違背原則，對於英國憲政體制是危險的威脅。這讓他們高度懷疑新君王的意圖，還有他到底在多大程度上可能發展出違憲的計畫。

愛 如果不對殖民地讓步，他認為可能發生什麼事？

博 嗯，他的觀點是，如果不能跟美洲殖民地和解，就必須征服他們。征服美洲殖民地會需要一支軍隊。而到頭來會是喬治三世調動北美的軍隊，追求一種無論如何不會成功的征服行

---

12 羅金漢輝格黨人指的是在第二代羅金漢侯爵，查爾斯・沃森—溫特沃斯（Charles Watson-Wentworth, 2nd Marquess of Rockingham, 1730-1782）率領下的輝格黨人。

動。你會有個在國外的軍事行動，但諷刺的是由本土的議會政府支持，這在伯克看來是自相矛盾的，更別提這有多不名譽，又注定以失敗告終了。

愛 他流傳到後世的名聲是一個典型的保守派，然而支持殖民地聽起來不像是個保守派的地位。

博 喔，伯克直到十九世紀為止都沒有被看成是保守派，這種說法基本上是根據他對法國大革命的反應。在十八世紀，他從一七六五年到法國大革命為止的職業生涯裡，都被看成是改革以及寬容宗教異議這兩種理想的支持者。

愛 他是否也擔心如果沒有跟殖民地達成政治上的妥協，可能會產生更大得多的撕裂……讓美洲殖民地陷入混亂與無政府狀態？

博 對。對伯克來說，我們生活在政治之霧裡。在這個競技場裡的成功，一定是奠基於妥協。人總是在應付成事能力跟破壞能力一樣強的人類。伯克對人性的觀點是這樣：一個人總是得在政治改革上走小心翼翼的路線，也要準備好對異議者讓步。

・人性的競爭與服從

愛 這樣讓他成為一個霍布斯主義者嗎？伯克是否相信，如果你拿走國家的權力，人就會落入戰爭與衝突？

博　伯克跟霍布斯有很多共通點，不過他不完全是個霍布斯主義者。伯克的觀點是人性有兩個組成部分；一方面，人類心中有一種競爭驅力，但同時，也有一種服從的傾向。這是說一方面我們彼此競爭，而近乎嫉妒與怨恨的競爭性可以把我們帶到衝突邊緣，在極端狀態下，會帶向毀滅。不過在此同時，伯克認為人類熱中於服從，他們有能力表達尊敬，敬畏偉大。這是個緩和性質的傾向，可以強行控制人性中另外一個比較難駕馭、狂亂又愛拉幫結派的傾向。

・以自由之名越界的法國大革命

愛　所以這兩種傾向，一個是朝向服從的意向，一個是朝向競爭的意向，在某種形式的均衡中制住彼此嗎？

博　在一個經過良好規範的共和政體中，人類體內的這兩種激情會被控制在均衡狀態下。

愛　咱們來談一七八九年的法國大革命。伯克對於那些事件有第一手見證嗎？

博　沒有。就像他自己在大革命後一年出版，討論大革命的偉大著作《法國大革命反思》（*Reflections on the Revolution in France*）裡提到的，伯克十六年前去過法國。他沒有去過革命後的法國，而他所有關於革命發展的資訊都仰賴報告、通信跟報紙。

愛　他對於法國大革命的詮釋是什麼？這個革命頌揚自由、平等、博愛，伯克是這樣看的嗎？

博　嗯，在法國事態演變得非常迅速。在一七八九年夏天，伯克對於正在發生的事情反應並不確定；這是個異乎尋常的事件，而他會等著看事情怎麼樣發展。到了秋天，他開始起了戒心，發展出下面的觀點：雖然法國大革命本身用自由、平等、博愛的色彩來替自己塗脂抹粉，這事實上是一場虛偽的表演。法國革命份子聲稱自己是平等的捍衛者，但事實上這是一個暴動起家的寡頭政權，以平等之名尋求財產重分配（redistribution）。事實上，它正在組織出一個資本主義投機份子的寡頭政權。

愛　不過這也釋出了一波嚇壞了他的暴力浪潮。

博　正是如此。他看到一波幾乎不可能平息的群眾激情被釋放到全國。這是一種大膽、充滿忌妒的怨恨能量，就是訴諸平等注定會觸發的東西。

愛　那是因為在衝突與服從之間的平衡裡，服從被掃到一邊去了嗎？

博　就是這樣。伯克認為對平等的訴求給競爭性更多許可，跨越了邊緣進入暴力衝突，而不是經過控制的競爭。先前存在的應有服從、對權威的尊重，還有對不平等關係的接納，這些事物的抑制性影響都被拋諸腦後了。

愛　他的反革命情緒，是我們今日以保守主義者身分來認識他的理由；有可能把他放在從左翼到右翼、從民主黨到共和黨的政治光譜上嗎？

博　喔，這是個很難的問題。如果必須用一句話濃縮我的看法，我會說：「不行。」許多我們今天使用的意識形態術語跟標籤，是十九世紀的遺產，而伯克死於十八世紀末。「左翼」跟「右翼」的對照，作為一種政治立場的描述，是從法國大革命時期衍生出來的，具體來說是來自法國王室是否應該保留某些特定權力的問題。在跟十八世紀問題相關之處，顯然有可能排上伯克的位置；但在現代民主政治、現代社會主義跟現代極權主義興起之後，這就變得更複雜得多了。

・對重分配的保守

愛　所以博克，在某種意義上，你顯然是個博克主義者，但你是個「伯克主義者」嗎？

博　不，我不是伯克主義者。伯克對於政治組織方式的想法，已經被證明是可否證的了。一方面他相信財產只有在集中於大人物之手的時候才會安全。他相信貴族政治秩序對社會穩定是必要的。後來的歷史已經證明這樣說不精確。他也相信任何對於重分配的嘗試，就是社會混亂的製造法。但當然了，美國跟二戰後歐洲所有的重分配計畫都已經證明不是這樣。在法蘭克林・羅斯福總統治下沒有發生社會革命，在一九四五年以後的德國與英國也沒有。

愛 給我一個例子，說明伯克對於今日處境的相關性。對於當代政治，他有什麼話可以對我們說嗎？

博 嗯，我想伯克會反對當代經常被兜售的海外國族建構政策或計畫。既然伯克是個改革者而非革命家，他會看出在遠地進行的國族建構政策就是個革命性的計畫。就拿伊拉克為例，伯克可能會認為如果你想在海外建立國家，應該要像改革自己國家一樣地進行這個任務。所有改革都很容易引起反彈。激進革命份子對改變的嘗試，很有可能激起暴力反應。這只能透過軍力介入來鎮壓，而你接下來會陷入自相矛盾、更別提是很反諷的立場：透過軍事獨裁手段，嘗試進行改革計畫。

愛 他認為不可能從零開始重新創造出一個政治結構，你必須從一個政治體系的紋理著手工作。

博 你必須從既有政治權力的紋理著手工作。從過去到現在，唯一的另一種選擇，就是廢除它們。不過當然了，政治最偉大的教訓之一，就是你不可能廢掉敵人，你必須跟他們達成協議。

愛 你認為他是個偉大的思想家嗎？

博 伯克很不尋常地結合了偉大的政治洞見與哲學智慧。他並不是霍布斯那個等級的偉大哲學家，但是比起像是盧梭這樣的哲學家，他有非常非常好的政治經驗。馬克思的政治經驗也相對稀少。伯克能夠提供的，是一個在種種政治思想傳統教育下的政治家所具備的洞見。

理查・博克（Richard Burke）是倫敦城市大學瑪麗皇后歷史學院的政治思想史副教授。他的寫作範圍甚廣，他談啟蒙時代知識發展史，特別聚焦於艾德蒙・伯克的政治觀念。他的《帝國與革命：艾德蒙・伯克的政治生活》（*Empire and Revolution: The Political Life of Edmund Burke*）即將由普林斯頓大學出版社出版。

· 15 ·

聊聊康德的形上學

摩爾vs沃伯頓

大衛・愛德蒙茲引言

十八世紀晚期，科寧斯堡市民看著那位邏輯與形上學教授每天在完全一樣的時間，去做每日例行散步時，他們一定會納悶他在想什麼。嗯，康德心心念念的一件事，就是我們是否可以不靠經驗，事實上就是在不離開安樂椅的狀態下，搞清楚關於世界上的事物，還有實質的真理，而不只有康德所謂的分析真理，換句話說，不只是定義上的真理，像是「所有單身漢都是沒結婚的男人」。這個看來晦澀難解的議題，是康德在《純粹理性批判》（*Critique of Pure Reason*）中對人類知識極限所做的探究核心。摩爾教授從位於牛津大學聖休學院的安樂椅上，為我們散播知識的財富。

・形上學是什麼

奈傑爾・沃伯頓（沃）　今天我們要設法解釋康德的形上學！你可以從這個問題開始嗎：

「什麼是形上學？」

摩爾（摩） 形上學可以有用地被界定為一種最具普遍性的理解事物的嘗試，嘗試去理解現實的基本架構是什麼樣的。

沃 所以，形上學位於哲學的核心，是一種理解我們跟自身經驗，還有跟世界是什麼關係的驅力。

摩 絕對如此，它是哲學的核心部分。其他哲學分支全都以各種方式仰賴形上學。你可以說就是哲學的這個部分，把這個學科的其餘部分約束在一起。

沃 康德最有名的是他的《純粹理性批判》，而那就是我們今天要聚焦的作品。這是一本複雜、困難到不可思議的書，不過它有個中心主題，你可以大概說說那個主題嗎？

摩 對，這是本異常複雜的書，而且很難概述。康德基本上關注兩種意義上的形上學。首先，他設法在這本書裡做形上學，設法告訴我們關於現實大架構的事情，設法理解在普遍性最高層次的事物。但他也對往上一個層次非常有興趣，提出了**關於**形上學本身的問題，關於形上學的本質、範圍及其限制——因為在他檢視年代可回溯到好幾世紀前的前輩作品時，讓他為之震驚的事情之一，就是沒有多少共識；不只是在形上學議題本身，而是連形上學內部有多少可能性都沒有共識。

他的那些前輩，對於形上學之內什麼是可能的，明顯抱持不同意見。如果我們接受標準的卡通式簡化描繪，把他的直接前輩劃分成理性論者跟經驗論者，那麼可以說，根據理性論者的說法，有可能透過純粹理性運作達到關於現實本質的實質結論，經驗論者則會覺得這一切比較可疑。經驗論者認為理性比理性論者認為的更有限制，而我們可以對現實本質達成實質結論的唯一方法，就是做我們在自然科學中做的那種事，也就是訴諸經驗。所以康德對於理性論者與經驗論者之間這種根本的不同很感興趣，而且從某方面來說，他設法要擔任裁判的角色。

・用綜合先驗調和理性論與經驗論

沃　他在身為裁判的角色裡做的事情之一，是想出綜合先驗（synthetic a priori）這樣的概念，這是理解《純粹理性批判》的基礎。

摩　完全如此。讓我們從理性論者與經驗論者的辯論這方面，來思考這一點。康德傾向於同意理性主義者的說法，有可能用純粹理性達到關於現實本質的實質結論。他也傾向於同意經驗論者的說法，不用上經驗，不可能對於完全獨立於我們之外的事物達成實質結論。而利用這個綜合先驗概念，他想做的一部分事情是調和這兩點。

沃　所以綜合先驗的第一部分是「綜合」這個詞，而那是跟「分析」相對的。

摩　對。康德在他所謂的綜合知識與分析知識之間做出區別。分析知識是只透過概念純粹運作而提供給我們的知識。藉由反省概念本質，對於事物像什麼樣，我們可以得到某種基本的瑣碎真相。舉例來說，我們知道所有的姊妹都是女性，這不是因為我們出外去調查姊妹是不是符合這個描述，而只是因為「一位姊妹應該是女性」，是我們對「姊妹」概念的一部分。因此所有姊妹都是女性，會被康德算做是分析真理。與之形成對比的，舉例來說是某些姊妹比她們手足的孩子更年輕，這句話仍然是真理，不過其真實性要仰賴事物的實際情狀。這一點並不是被寫入現在涉及的概念之中，而要確定這是真的，你確實需要出外探究。

沃　所以分析真理從定義上來說是真的，而綜合真理是你需要做某種研究，才能找出它們是否實際為真的那種真理？

摩　對，沒錯。

沃　那麼，在先驗（a priori）與後驗（a posteriori）之間的區別，又有什麼不同？

摩　從表面上看，它們跟綜合／分析完全一樣。描述先驗知識特徵的標準方式，是不需要訴諸經驗就可利用的知識。後驗知識，有時候也稱為經驗知識，是奠基於經驗的知識。而這很容易看起來像是劃分出同一種區別的兩個方式。我們先前用來考慮分析知識跟綜合知識的那兩個例子，也可以當成先驗知識跟後驗知識的例子。

所有姊妹都是女性，是先驗的。你不必訴諸經驗，就可以分辨出所有姊妹都是女性。相對來說，雖然「某些姊妹比自己手足的孩子更年輕」是真的，卻並非可以不去查證的事情。我們必須探究一下實際情況，才能發現是否有任何姊妹滿足這個條件。結果確實有些姊妹比手足的孩子更年輕。

雖然如此，從表面上看，我們看來像是有兩種方式去做出同一個區別，康德卻很堅定地認為兩種對比是分開的。尤其是他相信有些知識一方面是先驗的，另一方面卻是綜合的。

沃 所以你可以舉出一個綜合先驗為真的例子嗎？

摩 康德許多例子是數學上的，其中最有名的或許是 7+5=12。這對康德來說算是先驗的，是你可以靠著運用理性就分辨出來的東西。你可以坐在安樂椅上做數學。你不需要出外弄髒手，探究這世界是什麼樣。所以你的知識，7+5=12 是一種先驗知識，而不是一種經驗知識。不過康德說，數學方法論也不是光靠著反省你的概念本質所組成。不管多麼小心分析你的概念，這樣永遠不足以給你 7+5=12 的洞見。你必須訴諸別的東西。

在這方面，算數上的例子並不必然是最有說服力的，不過他確實也常引用幾何學的例子，這似乎稍微更可能為真。他最喜歡的例子之一是：兩點之間你只能畫出一條直線。他又會堅持這是先驗的，卻不是分析的。（後來物理學上的發展顯示，這個例子在康德不可能知道的方面是有問題的，不過咱們就先忽略這點。）康德說，不管你多麼仔細地探究你對於直的概念、對於一個點的概念，還有其他牽涉在內的其他概念，都永遠不會讓你得到關於這個真理的洞見。你必須考慮空間本身的本質。

沃　所以我們得到了這個難題。有些事情是可以坐在我的安樂椅上，犯不著觀察任何東西就可以知道的。我可以思考一些事情，然後發現關於現實本質的真理，而不只是從定義上為真的事物。所以，如果康德是對的，他手上有個真正的難題了。我們能夠怎麼樣發現關於這個世界的事物，卻不必離開安樂椅？他怎麼樣解決這個難題？

摩　他用下面的方式解決問題。他說我們真正覺得不舒服的是這個觀念：竟然有關於外界、獨立於我們之外的知識，儘管如此我們卻還能靠純粹反省達到的。而且康德同意這種事情是不可能的。所以他對於這種難題的解決方案是，否認他談到的綜合先驗知識是獨立於我們之外的外界知識。雖然這個知識並不是靠著純粹反省我們自身概念而得到的，卻還是靠著我們的知性器官在純粹反省中構成。

・玫瑰色的眼鏡

在這種關聯性上常用到的隱喻，一個非常有幫助的隱喻，是一副眼鏡。這就好像我們有個天生內建眼鏡，透過這眼鏡注視著現實。在我們取得關於事物的綜合先驗知識時，我們是在反省自己這副眼鏡的本質。這是綜合性的，因為眼鏡本身牽涉到的不只有概念。我們並不是在反省自身概念的本質，而是在反省自己這副眼鏡的本質。就像幾何學例子可能會讓我們期待的，康德尤其相信這些眼鏡包括空間與時間本身。就連空間跟時間，都是我們如何看現實的其中一個面向，而不是現實本身的一個面向。

沃 所以，對康德來說，現實並不真的是我們可以接近的。可以接近的是我們被賦予的感知器官，這就像是一副眼鏡。如果這些眼鏡染上玫瑰色，我們感知到的一切都一定染上一層玫瑰色。空間與時間，就像我們因為自身感知器官而以為屬於外界的顏色，而不是獨立於我們之外的某樣東西。

摩 正是如此，奈傑爾，你剛剛表達得非常好。康德相信我們可以知道任何兩點間只有一條直線，是因為這是我們帶在身上到處跑的知性器官的一部分，而且是我們在企圖理解此事，企圖了解現實像是什麼樣子的時候，加諸於現實之上的東西。這是我們不但能知道，還是先驗就知道的事情；我們不必到外界探查空間是不是像那樣的，因為空間就是我們自身知性裝備的一部分。

・透過眼鏡看到的真實是否真實

沃 所以那表示我們不能真正知道世界是什麼樣子，我們能知道的就是我們怎麼樣感知它嗎？

摩　就是這個意思。而在此我們又回到剛開始的主題，康德在跟形上學的關係上站在什麼立場的問題。他在《純粹理性批判》裡所做的，是把兩個分開的計畫進行到底：一個積極的計畫跟一個消極的計畫。

在積極的計畫裡，他盡可能在形上學的範圍內做到他覺得能做的，詳細說明事物透過我們的眼鏡看起來必定是什麼樣。他相信從中能汲取範圍極廣、有趣又實質的結論，內容是關於種種事物透過我們的眼鏡，在眼中看起來必然是什麼樣子。不過，就像你剛才強調的，「看起來」是個操作型詞彙。他是在事物在我們看來如何，跟事物本身是什麼樣之間，劃分出一個基本的區別。

我們隨身帶著這些天生的眼鏡到處走的事實，表示這裡必然存在這種區別。我們永遠無法把這些眼鏡卸下。我們只有管道得知事物在我們看來是什麼樣的。事物本身是怎麼樣的，是我們不可能知道的，而這就是康德在消極的計畫裡想要強調的，這也占據了《純粹理性批判》中相當大的一部分。

說來不幸，這確實表示一大堆形上學的傳統問題必須被擺到一邊去，當成是無可回答的。舉例來說，包括神性的問題：那裡是否有神？如果有的話，神的本質是什麼？這也包括我們的自由問題——我們是否有自由意志，因為康德認為，在這個問題出現的範圍內，這是關於我們自己實際是什麼樣的問題，而不是我們在自己看來如何的問題。

・現實的不可知

沃　所以康德所做的是，在我們告訴自己我們能知道什麼的過程裡，設定我們能知道什麼的界線。

摩　正是如此，而且他兩者都關注。他關注在界線之內的東西，也關注界線之外的東西，而他也關注怎麼確定我們在正確的地方畫下界線。

沃　這樣看似可以順理成章推論，因為我們無法得知現實，任何關於現實的討論，包括有沒有神或者自由意志的討論，都是完全無意義的。康德是這麼看的嗎？

摩　那是個非常好的問題，奈傑爾，而強調康德**不是**這樣看是很重要的。這是其他形上學家的看法。可以這麼說，他偉大的前輩休謨就是這麼看，至少在某個程度上如此。不過那並不是康德看待此事的方式。康德堅信這些問題完全是有意義的：外界有個現實在。我們戴著眼鏡，透過這些眼鏡看事物的事實，並沒有減損有些事物被看到的事實。

外頭有個現實。有個現實實存的方式，跟我們是否知道它是什麼樣無關。重點就只是我們不可能知道那個現實本身像什麼樣。不過我們有自由可以去推測，而且在重大宗教問題方面，我們有自由可以去相信事物是某種特定狀態。所以，某些人有個信條是神存在。康德絕非不想讓人有信條。他認為，在這些人相信有神的時候，他們相信的事情完全合理。他們可能對也可能錯，不過肯定完全合理。他所做的就只是告訴他們，對於他們相信的事是否為真，他們不可能具備知識。

沃 《第一批判》[13]是一本厚重大書，論證複雜得不可思議，而你做了個很棒的工作，把這本書的主線抽出來，不過這部作品如此複雜，要完成它一定是重度勞動。你認為是什麼推動康德寫下這本書？

摩 我想這個問題的答案，直接關聯到我們最近談到的事情。在他寫給《純粹理性批判》第二版的序文裡，有一句非常有啟發性的話，他說：「我必須拒絕知識，才能讓出給信仰的空間。」這在我看來，真正推動康德的事物之一，是這個保衛基本信條的欲望。

・捍衛對自由的信念

不過或許對他而言甚至更基本的關注，是我先前非常簡短帶過的一個觀念：我們自身的自由，也是關乎事物本身是什麼模樣，而不是這些事物透過我們的眼鏡以後看來什麼模樣——因為康德真正有心要做的一件事，就是保衛我們對自身自由的信念，以及一切跟這個信念攜手並

13 譯註：《純粹理性批判》的簡稱。

行的東西，尤其是道德（在康德看來是傳統基督教道德）對我們的重要性，除非我們是自由主體，否則道德就沒意義了。

康德很熱中於保衛這一切，對抗自然科學威脅性的要求，在他寫作的時代，這的確**曾具**威脅性。科學在前一個世紀締造了驚人的進步。尤其是牛頓的作品，似乎顯示出幾乎一切——如果不真的就是「所有」一切——都可以用純科學詞彙來加以說明。這世界看似是一個由無法改變的機械定律宰制一切的地方。這樣看來，又好像對我們對自身自由的信念、以及隨之攜手並進的一切，都造成非常嚴重的威脅。

以他建立起來的精巧系統，康德能做到的事情是顯示我們可以同時接受科學全部的榮耀，又緊抓著我們對自身自由的信念，方式是回歸他所做出的區別：事物透過眼鏡在我們看來是什麼樣，以及它們本身是什麼樣。科學關注的是事物透過眼鏡在我們看來是什麼樣；科學關注的是空間與時間的世界、自然的世界。我們可以接受在透過眼鏡觀看的時候，一切都受制於無可改變的因果法則，在此同時也接受我們身為自己的時候，是受制於道德要求的自由主體。

沃 所以對康德來說，不可知事物真的是不可知的，但仍然受到保護。他是在保護像是自由意志以及神存在的可能性，雖然我們無法完全確定這兩件事。

摩 完全正確，奈傑爾，就是這樣。

沃 從你討論康德作品的方式來看，顯然你對作為一位哲學家的他非常欣賞。在哲學家中你會把他排在什麼位置？

摩　我自己的觀點是，他可能是所有哲學家中最偉大的。

A·W·摩爾（A. W. Moore）是牛津大學哲學教授。他的著作包括《無限》（*The Infinite*）、《觀點》（*Points of View*）、《理智高貴》（*Noble in Reason*）、《能力何其廣大：康德道德與宗教哲學中的主題與變奏》（*Infinite in Faculty: Themes and Variations in Kant's Moral and Religious Philosophy*），以及《現代形上學的演化：理解事物》（*The Evolution of Modern Metaphysics: Making Sense of Things*）。

· 16 ·

聊聊黑格爾的辯證法

羅伯特·史特恩vs沃伯頓

大衛・愛德蒙茲引言

十八世紀末到十九世紀初的德國哲學家黑格爾（Georg Wilhelm Friedrich Hegel），對於西方思潮有巨大的影響。舉個例，馬克思就大大受惠於他。不過他的散文風格複雜到惡名昭彰，而且他也不適合哲學初入門者：那就像是用《尤利西斯》來學閱讀，或者嘗試以拉赫曼尼諾夫的作品來學鋼琴。要有一顆清楚澄澈的心靈才能解碼他，所以「哲學會咬人」請來在雪菲爾大學的羅伯特・史特恩教授。我們要求史特恩教授解釋黑格爾的一個觀念，甚至連非黑格爾派的人都聽說過：正—反—合，通稱為黑格爾「辯證法」的觀念。

・鼎鼎大名的正反合

奈傑爾・沃伯頓（沃） 我們要聚焦的主題是黑格爾的辯證法。我對黑格爾所知不多，但我知道辯證法的超簡化版是有人提出一個正題（thesis），然後就有一個反題（antithesis），是正題的相反。然後以某種方法，從這兩個事物之間的衝擊中，奇蹟般地生出一個合題（synthesis）。這樣大致上算對嗎？

羅伯特．史特恩（史） 對，你說得沒錯，這個觀念常常跟黑格爾連在一起，而且這是個有點老套的簡化說明，就跟你說的一樣。事實上，黑格爾鮮少使用「正題」、「反題」跟「合題」這樣的詞彙。但從另一方面來說，這個基本故事裡包含了很大成分的真相。

沃 所以這只是對於辯論中會發生的典型狀況的一種描述方式，或者是指涉到歷史事件？這是什麼？

史 最好的出發點是用黑格爾呈現的方式來思考它，也就是說，藉著回到柏拉圖、對話與討論來進行，但加入黑格爾的特殊關懷：也就是說，一個人應該避免獨斷地呈現你的觀點，光是堅持你是對的、別人是錯的，在哲學上尤其如此。如果那麼做，你並沒有真正確立你在想的是正確的，跟另一個人相反。你不可能合理地光是堅持你是對的而他們不是，因為他們的觀點會有他們的理由，就像你有你的理由。所以，要處理這種狀況，並且以不武斷的方式在探究中取得進展，有一種方式就是設法找到你對手觀點裡的問題，可以讓他們自己也承認的問題，這就是有時被稱為「內部批評」（internal critique）的做法。

舉例來說，如果你認為你是自由的大捍衛者，而且把你自己想成是一位大自由派，我可以向你證明：「嗯，是啦，不過如果貫徹你的觀點，到頭來你會有個壓迫性非常強的社會。」——這樣應該會用你自己的說法，向你證明你走錯路了。而你可能接著覺得必須完全改變你的觀點，走向另一個極端——舉例來說，拋棄自由主義，移動到另一端同樣單面向的觀點，用黑格爾的話來說，這個觀點也有自己的內部問題。接著你必須證明，唯一真正的進步，是以某種方式找到這些競爭立場之間的平衡。

所以舉個並非直接來自黑格爾的例子，在哲學中，我們顯然可以讓相信自由意志的人，跟相信強決定論（hard determinism）的人辯論。強決定論大致上是說，因為每個事件都有前因，或者受制於某種自然律，所以我們缺乏自由。如果你可以用各種方式證明兩邊都是單面向的，或者都是不妥當的，他們可能省略了這個重大議題中的重要陳述，然後你就朝著一個可能涉及兩種觀點、或者整合雙方元素的立場前進。就是在這種意義上，你在尋求某種**合題**。但話又說回來，合題通常到頭來言之過早，其中涉及了它自己的問題。所以你繼續推進到另一個觀點，跟那個觀點競爭，就這樣繼續下去。所以，這種進展讓一個討論有了架構，這個架構在黑格爾的許多作品裡可以找到，跟一連串的金字塔不能說不像。

・從最簡單的立場出發

沃　所以，你是在說辯證法其實是一種發現真理的方法嗎？

史　對，我想這樣說大致上是對的。你再用某些種類的推論原則，從一個立場推進到另一個更好的立場。而你也可以再度看到黑格爾的作品如何以這種架構作為探究方法。很明顯的是，如果你要用這個方法來達到真理，如果你打算聲稱要到最後得到真理，你首先就必須確定你用相當有系統的方式在立場之間推進，這樣才不會漏掉任何東西。因為那樣做就會有個你沒先考慮過的觀點，而這個觀點的真實性是你沒評估過的，這對於你最後採取的終極立場可能是一個對手。所以你需要一個會帶著你系統性過濾各種立場的結構。你也需要從正確的地方開始。所以，你必須從這個議題最簡單的立場開始，因為如果你從太遠的地方開始，你又會錯過各種你應該早早就考慮到的選擇。通常黑格爾作品的結構是從非常簡單的立場開始。所以黑格爾的《邏輯學》，這是他哲學體系的第一部分，著名的開端是這個觀點：就只是去想有「存在」（Being）。那就是《邏輯學》（*Logic*）的現實理論：就只有「存在」在此，沒有個體、性質、事件等——就只有存在。這是你能得到最簡單的觀點。同樣地，《精神現象學》（*Phenomenology of Spirit*）的開端是一個非常簡單的知識觀點：知識就只是透過感知立即吸收的東西，沒別的了。所以這對於探究將會運作的方式，提供了一個起點，而且可以從這個起點展開。接下來當然了，你也希望你會達到一個穩定的終點，因為當然可能有個擔憂是，你只有一個立場，而到頭來崩潰到另一個立場，接著又是另一個、再一個，而你永遠不會有任何穩定的立場。

・第三路線：從問題的兩邊思考

沃　我只是想稍微瞭解一下這個辯證法概念，這是不是就等於說「真相永遠介於中間」？聽起來有點像這樣：這是一邊，那裡是另一邊，綜合它們，兩者之中都有一點真相。

史　這說法裡有些意思。「黑格爾式中間立場」這個詞彙很常用：這是第三路線。我以前在講座裡常用「第三路線」來描述這個狀況，那是在政治家把這個詞彙搶去用以前。不過通常黑格爾喜歡這樣呈現事情，而在這裡也一樣，補充一點背景很有用。黑格爾的背景裡有個重要人物，就是康德。康德關於形上學的說法裡有個重要元素，就是形上學終結於二律背反（antinomy），字面上的意思就是無法解決的矛盾。對康德來說，這有一部分證明了人類心靈要解決這些問題是無能為力的，也有一部分證明它們是在某種程度上糟糕或有缺陷的問題，是我們人類害自己陷入的。思考黑格爾的一種方式是，他認為這些辯論貨真價實，但他比康德更樂觀——他認為整體來看，二律背反是可以被解決的。

某些他用來討論這件事的術語，是他所說的「理解」、「辯證法」跟「理性」之間的區別。理解被描述成一種思考形式，是以一種相對來說有限制卻很重要的方式來思考。就假定說在思考「自由就是自由」吧：自由是能夠就這樣去做你愛做的事，自由就是這樣。而接納這個觀點以後，自由似乎就跟有道德義務、或者必須尊重其他人的權利有明顯的對比，因為這些事情限制了你能做什麼。而你可能會想：「嗯，自由是一回事，對我們的道德要求顯然是不同的事情，而這些事無法被調和，所以為了自由，我必須棄絕道德。」那是「理解」（understanding）的觀點，在此可以看到清楚的對比。**辯證**時刻在於這個立場導致某種矛盾的時候。所以舉例來說，對於剛好認為「自由就是做你愛做的任何事」的人來說，你可以這麼說：「嗯，如果你喜歡的事情是嗑藥，會怎麼樣呢？」或者：「為什麼做你愛做的會是自由，因為到頭來你愛的事物是來自你的欲望、你的品味或你的教養過程。而且事物並不在你的控制範圍內，所以那為什麼是自由？」那樣可能會讓另一個人接著看到：「喔，等等，自由顯然更複雜些。」黑格爾拿來跟某種懷疑論連結在一起的辯證時刻，是一種絕望感。你可能現在認為：「嗯，對，自由是這個偉大神祕的東西，我真的完全不了解。」而在這一點黑格爾又會把它連結回柏拉圖時刻。在柏拉圖對話錄裡又是這樣，蘇格拉底很有信心的對談者一開始認為他知道他在說什麼，但後來領悟到：「喔我的天啊，你知道嗎，一切全都垮了，我完全不了解這個。」但接著解決問題的時刻是你說：「喔，等等，也許這一切都垮掉，是因為我用這種單面向又不恰當的方式來思考自由。而在我對自由是什麼的看法變得更成熟時，我或許可以認為，自由跟道德義務比我以為的更能夠彼此調和。」就是在這種意義上，你到頭來有了一種中間立場，因為你看出單面向的觀點並不真的反對到它的對立面。黑格爾說，理解總是以非此即彼的方式思考。**要不是**自由意志，**就是**決定論。或者，**要不是**自由，**就是**道德義務。或者，**要不是**沒有國家，**就是**暴政。而辯證時刻是當你開始看出基本上事情比那複雜得多，而兩邊都需要以某種方式和解。黑格爾認為：「這就是為什麼哲學這麼難，因為哲學要求我們從問題的兩邊來思考。」而那就是為什麼理性的觀點從正常人類理解的角度來看是很困難的，人的理解會想要保持兩邊分離，而且彼此判然有別——所以理解看不出自由怎麼樣能夠跟決定論相容，其他狀況也類似。

‧合題，為了不獨斷獨行

沃 我不理解為什麼這樣沒有自我矛盾／丐題（beg the question），因為你不可以假定真理就在合題中。我可能武斷地肯定「在任何狀況下，酷刑折磨是道德上錯誤的」。某個人可能會牴觸我的看法，而從那種陳述的衝突還有它的反題之中，我可能還是冒出頭來，相當合理地證成酷刑折磨在道德上永遠有錯的信念。黑格爾似乎假定真理就在合題中，而不在起初的立場上。

史 喔，當然了，酷刑折磨的錯誤，可能就是你在追求的穩固終點！在那種狀況下，可能沒有更進一步的合題要達到了。但我假定你在想像質疑你這個主張的人，跟你立場牴觸的人。不過為什麼你要為之所動，為什麼你不能就堅持你的觀點，而不是覺得被推向某種合題？很明顯，這要靠他們有理由支持他們的觀點：他們不只是為了好玩這麼主張；舉例來說，他們可能認為為了從敵方得到重要資訊，還有其他種種理由，酷刑折磨可以被證明合理。我想黑格爾的論點是，如果你能夠找到某種方式，用你的對手能接受的語言，向他們證明他們的立場有些地方不對，你才可能在你的立場上顯得有合乎理性的正當理由，否則，你就是獨斷地堅持只有你知道這裡的是非對錯。當然，這可能非常難做到，所以很可能沒有任何進展，而辯證法可能崩潰。我想最重要的是，黑格爾會說在此他什麼都沒有假定，這只是他希望事情可能結果如何的模式。而如果事情真的像那樣發展，我們就可以有進步。但沒有保證，沒有在這個操練開端就有的先驗保證告訴你，事情就會有這樣的結果。另一方面來說，也沒有抱持懷疑主義的先驗理由。所以，你所能做的就只是設法引導這個對話。

沃　我可以看出這樣如何能夠當成一種嘗試性的方法來做哲學辯論，而且在某些領域裡可以非常有生產力，像是在你剛才討論過的自由意志辯論。現在，如果我理解得對，黑格爾卻沒有停在這裡。他談到了應用在歷史變遷上的辯證法。黑格爾怎麼樣在跟歷史有關的方面應用辯證法？

史　嗯，我們又必須要稍微小心一下過度簡化的說法。不過在廣義上來說，黑格爾的歷史觀點在這種意義上是一種觀念論：它跟觀念與思想，還有文化與文明曾經思索世界的方式有關。就黑格爾看來，觀念在歷史上造成了重大的差別。而我想他接下來會說，這些觀念用這種大致上屬於辯證法的方式展現出來。所以，再回到自由的例子，黑格爾認為歷史上的一個重要運動，是從思考只有我們之中的一個人有權得到自由（就好比說一位國王），進展到某些人可以（好比說古希臘的貴族）有，再到我們全部人都有，很顯然這個發展跟自由是什麼、我們是什麼人、我們彼此有什麼關聯等問題的觀點變遷有關。黑格爾又認為這是以大致上合乎辯證法的方式展開的，有不同的觀點曾經出現過，而且以一種不適切的方式去設想自由。

所以在黑格爾自己的時代，有個例子是法國大革命。對黑格爾來說，法國大革命是他人生中的主要歷史性事件，而就像當時的許多知識份子，他起初帶著極大的狂熱看這件事，但接著被結果給嚇壞了：恐怖時期以及後來種種。黑格爾有個有趣的討論，談的是法國大革命裡牽涉到的自由概念在哪裡算是單面向的。你現在有個對比，一邊是把自由想成做你想做的，大致上是遵循你自己特殊的利益，另一邊是把自由想成超越你所有的利益，這些利益被視為在某方面限制了你：自由反而是在於為了更增添整體的善，或者說普世性，而不是特定個人的善而行動。所以，我不是自由的，除非我正在為社會整體的善而努力。如果我只是在為我自己的特定計畫努力，那麼我只是個體，我只是受限於為自己而行動。不再把你自己看成這種特定個人的危險，在於你基本上把自己抬舉成替每個人，替整體意志代言了。但接著問題是：誰代表整體意志？誰可以當這個替所有人代言的人？這個問題提供給黑格爾他對法國大革命的辯證法診斷。任何起身說「我就是革命，我代表整體意志」的人，就會碰上這個回答：「呃，你不是，你只是某個特定個人，你知道的，你不是真的代表這種意義上的普遍整體。所以你必須被擊倒。」所以，法國大革命照著它自身內在邏輯的本質，不能有領導者，只能墮入那種毫無道理的殺戮，黑格爾做出這種診斷。

在目前這個例子裡，黑格爾說的是一個觀念。在此，是對於什麼是自由的某個概念形成過程，我們可能如何透過某種辦法，放棄我們不同的利益、關懷與角色，去代表整體社會的某個概念形成過程——有個歷史上真實又災難性的影響。在此，他沒有聲稱要提供對於法國大革命與恐怖時期的完整歷史解釋，他也不是主張歷史就只有觀念而已。不過他確實認為，那些觀念對於歷史怎麼進展，社會怎麼變遷等還是很重要。而照黑格爾的說法，在不同的單面向觀點隨著時間發展開來以後，這樣的發展還是彼此有這種辯證式關係。

・樂觀黑格爾

沃　黑格爾讓我特別覺得不同於許多其他思想家之處，是他把事情看成逐漸進展到一個更好的狀態。我不知道今天是不是每個人都這麼覺得，肯定有大批哲學家對進步的觀念感到更加悲觀。我在想你是否可以說說黑格爾關於進步的觀點。

史　好，我想這很有意思。大體上來說，他就像你說的一樣，是樂觀主義者。黑格爾有比較陰暗的一面，而且就像我們曾經提過的，在他談到辯證法本身的時候，辯證法經歷了這個相當陰暗的時刻。他稱之為《現象學》，這是其中一部讓這種陰暗面實現的作品，一條「絕望公路」，因為所有你可能當成起點的觀點，結果從內在來說都有問題，在它們被證明崩潰以後，就從你身邊被拿走了。而就像我說過的，在這些觀點從你身上被拿走以後，總是有種風險：接下來不會再有進一步發展了。不過大體上來說，作品本身指向一種解決。你說對了，黑格爾跟他的後繼者之間的一個對比，就是他們沒那麼樂觀。所以，你要是接受阿多諾（Adorno）的觀念，比如說是負面辯證法，你可以從名字裡看出來，這個觀念是說在某種意義上辯證崩潰了，解決的時刻不會出現。或者齊克果（Kierkegaard），他很有名的一本著作叫做《或此或彼》（*Either/Or*），這正是刻意呼應黑格爾在理解與理性之間做出的區別，我們先前討論過：黑格爾認為理解的「非此即彼」可以透過理性被解決，變成某種更加統一的立場，齊克果卻認為這些不同觀點必定會維持彼此扞格，所以你終究面對的是它們之間的一個選擇。舉例來說，齊克果主張宗教展望與更加世俗的觀點之間不可能調和，因為你面對的是一個抉擇。整體來說，分析哲學家比某些「歐陸」思想家更站在黑格爾這邊，對於探究抱有更加樂觀的假設。找出哲學問題，然後設法找出公平對待辯論雙方的辦法，然後做出小心的區別，找到可能以某種方式對兩邊都公平的不同概念選擇，這種做法我想在分析哲學中並不算是不常見。很多當代分析哲學家都花時間設法這樣做。

・讓你的觀點接受挑戰

沃　我在想他跟彌爾之間的平行對比。在他關於言論自由的討論裡，他談到讓你自己的觀點接受某個人的挑戰很重要，這個人實際上相信跟你相反的一方。真理與錯誤碰撞的過程，對於發現與刺激你終究找到的真理來說，是真正重要的方法。

史　對，我想沒錯。而且這裡有些連結跟彌爾的其他觀念有關，像是可誤論（fallibilism）。因為在這裡也一樣，要參與這種討論，你在某種意義上必須要心胸開放地面對這個思維：你所認為的事情可以受到挑戰。這並不表示你必須認為你實際上錯了，但你必須能夠這麼想：「喔，至少值得聽聽另一個人說的，因為我可能有錯。」對黑格爾來說，這是現代性重要的一部分，我們不主張我們的觀點是不會錯的。我們確實認真看待正當性的證明，以及有能力辯護自身觀點。而那就是為什麼到最後你必須被拉進這種對話與討論。

沃　我可以看出黑格爾的進路，在像是自由這樣的東西上面，可以非常有啟發性。但如果你舉另一個例子，就說是順勢療法吧，關於這個療法，有種內部解釋是越稀釋一種物質，它作為一種藥物就越有效。現在許多醫師都認為這很荒謬，但在順勢療法社群裡，這是有內在一致性的。

史　對。我想沒錯，對於這種方法的其中一個威脅，在於你有潛在可能碰上一個有這種內在融貫性的立場。你會想要找到的，想來是在這些關於順勢療法藥物的主張，以及某些關於治癒證據的支持，跟它怎麼樣成功地對付疾病等之間的連結。想來那會是故事的一部分，然後當然了，順勢療法是可以被挑戰的，如果你拿得出這種證據，說它確實有效或無效等。所以這裡也一樣，理論上一個人可以看到這裡讓人擔憂之處：兩個同樣融貫的立場可能面對彼此，卻沒有明顯的內部問題逼使一方考慮另一方的看法。不過在實踐上，在黑格爾討論的立場之中，他聲稱事情不是這樣發展的。

沃　很顯然，你讓自己沉浸在黑格爾的作品中。讀他的作品這麼受用的地方在哪？

史　喔，這可能是個人性格的問題，不過我發現，徹底研究這些真的相當讓人望而生畏的難題，尋找將會解決困難、又以某種方式對雙方都公平的立場，這樣的計畫非常令人興奮。黑格爾研究過範圍很廣的不同問題。我們主要談的是自由，不過他在政治哲學領域裡處理過一些議題，還有藝術、宗教等種種領域的議題，還有許多形上學與知識論問題。所以，這裡有個大範圍的複雜方案。而黑格爾出名難讀的作品，雖然常常嚇退一些人，我卻認為並不是毫無回報。如果你從這種方向來看它：因為他設法從兩邊、或者不只從一邊來通盤思考，而且向你證明每一步怎麼樣過渡到另一步。對他來說，用直截了當的方式清楚表達這一點，免不了有難處，就像是你如果只是為一個立場辯護、反駁另一邊的時候，你也可能會這樣覺得。所以，我準備在這方面原諒他。然後再回到康德，我想康德派跟黑格爾派的感覺差異，在於康德留給你這些二律背反跟一堆二元論。對康德來說，兩邊都是同等可能為真；說真的，我們對此做不了什麼。我認為想要更進一步，尋求某種解決，是再自然不過的立場。大多數我見過的哲學家都有這種欲望，要做這種事情，因為那通常就是為什麼我們會做哲學這一行。我們有興趣徹底思索這些困難的議題，而且對於單面向的解答不能滿意，還有諸如此類的想法。所以，我想這對我們來說來得很自然，或者至少對我來說如此。

羅伯特．史特恩（Robert Stern）是雪菲爾大學哲學教授。他談論黑格爾的作品包括《黑格爾與精神現象學》（*Hegel and the Phenomenology of Spirit*）、《黑格爾形上學》（*Hegelian Metaphysics*），還有《理解道德責任：康德、黑格爾、齊克果》（*Understanding Moral Obligation: Kant, Hegel, Kierkegaard*）。

· 17 ·

聊聊彌爾的《論自由》

理查·瑞夫斯vs沃伯頓

・發揮自身潛力的自由

大衛・愛德蒙茲引言

約翰・彌爾的父親帶給他的教養過程如此苛刻、困難又嚴格，讓許多人怪罪這種教育害他後來精神崩潰。在三歲的年紀，他就在學拉丁文跟希臘文了。經濟學、幾何學與邏輯很快就跟著來了。他父親詹姆斯・彌爾，是效益主義者邊沁的朋友兼門徒，自己也是一位著名哲學家兼經濟學家。約翰・彌爾是某種實驗室的實驗品，一種扶養效益主義兒童的實驗。在某種程度上，實驗成功了。彌爾後來成為一位國會議員，而且是傑出的哲學家與經濟學家。他是女權的早期倡議者，也是現代自由主義的建設者。他最後透過他跟哈麗葉・泰勒長久的友誼與後來的婚姻，找到了個人長遠的幸福。理查・瑞夫斯寫了一本彌爾的傳記，把彌爾的觀念跟他極端不尋常的生活連結在一起。

奈傑爾・沃伯頓（沃）　我們聚焦的主題是彌爾的偉大著作《論自由》（*On Liberty*）。這本書被他形容成一本「關於單一真理的哲學教科書」。那個真理是什麼？

理查・瑞夫斯（瑞）　《論自由》之所以迷人，因為這是他哲學的最佳簡短版，也因為這本書揭露了他的生活。一般而言，大家都知道傷害原則（Harm Principle）——你應該有自由去做你希望做的事，只要你不傷害他人就好；一般認為這就是他指涉的那個單一真理。但實際上《論自由》核心的那個單一真理，是每個個人都應該有自由把自身的潛力發揮到極致。《論自由》的重點在於，這是關於個人的旺盛發展。傷害原則是他的自由主義的一部分，卻不是精髓所在。

沃　我不知道這樣解讀是不是太粗疏，不過他有個大受限制的童年，可以把《論自由》看成對那種童年的反應嗎？

瑞　彌爾在《論自由》中達到顛峰的知性旅程，是來自這個事實：他覺得有需要證明他是靠自己成功的。他被形容成一個「被造就出來的人」，是被他父親詹姆斯・彌爾跟邊沁「製造」的，他們兩個著手要創造出一個效益主義門徒，一個會帶著效益主義哲學更進一步的人——效益主義是為最多數人謀最大幸福的學說。所以對彌爾來說，重要的是去相信他造就出他自己。他想證明：「我不是被我父親跟邊沁造就出來的。**我造就我自己。**」但這接著變成了他的自由主義與他的哲學中那顆跳動的心臟：這件事應該對每一個男人跟女人來說都為真。

沃　在《論自由》中，他設下寬廣的條件，在這種條件下人可以像這樣旺盛發展嗎？

瑞 對；這是對於自由主義好生活的描述，不過也是對自由主義文化與社會的描述，在這種社會裡你能夠淋漓盡致地活出你的人生。當中有些規則，最著名的就是傷害原則，也就即是說如果其他條件不變，只要你沒傷害我，你應該有自由做你想做的事，就算這件事很愚蠢又自我毀滅。失敗的自由，參與其他人認為不道德、該受譴責或只是愚蠢活動的自由，對於自由主義來說非常重要。此外，還需要有一組自由主義制度、關於寬容的假定等，還有對於每個個體都能變得比原先的自己更好的信念。他的自由主義核心是這種樂觀主義：我們可以變成自己比較好的版本。

沃 不過這不只是關於法律制度，他強烈反對他所謂的「多數暴政」。

瑞 彌爾的名言是：「保護人免於地方行政官暴政還不夠，你也需要保護人免於公共輿論的暴政。」他稱為「習俗的專制政治」：我們做某些事，是因為其他人也在做。他說，某個人選擇做某件事，只因為這是習俗，那這個人根本沒做任何選擇。對他來說很重要的是，我們實際上走的是我們自己的路，而且不是被我們現在可能會說的「天經地義之事」（the done thing）所驅策。

他論證中的大半力量，都跟知性自由有關。他明講了《論自由》不是關於政治自由（到了今日我們仍舊傾向於這樣看待此書）。會有些論證談「政府該禁止賭博嗎？」「政府該讓我們吃比較好的食物嗎？」等。不過驅動彌爾的是知性與道德上的自由，我們生活在某個環境裡，是否有能力建構我們自己選擇的人生。

‧別在定見中酣睡

沃 但在言論自由的領域裡，他不是用上了政治論證嗎？要是沒有人受到傷害，人應該有自由表達意見，因為這是達到真理的最佳方法。

瑞 他在《論自由》裡論證的不只是不受桎梏的言論自由：他在鼓吹異議、論辯與不同意見。其實，他說如果沒有反對觀點，我們還應該炮製出一個。他說就連天主教會都指派一個魔鬼代言人，論證反對某個人被正式封聖，我們也應該做同樣的事。因為照彌爾的話說，沒有比「在定見中深深酣睡」更危險的事了。要是有一個我們擁有法律自由得以自由發言，但人人就只是到處同意他人意見的社會，他會覺得非常不開心。他積極希望有論辯、積極希望有異議，而他相信這是必要的，因為這樣正好衝撞構成我們大半意見的半真半假之理，在這種衝撞中，真理會浮現。

他在國會裡說了非常著名的話：「我們每個人都知道，我們的某些意見是錯的，而且我們沒有一個知道那些錯誤意見是什麼。如果我們知道，那就不會是我們的**意見**了。」他痛恨宣稱「我絕對不改變我的心意」、「我是對的」等言論的政治家。當然，他對自己確信的看法滿懷熱情。但如果我們放棄了我們相信正確的事其實有誤的可能性，那我們就有真正的麻煩了。自由主義的形式結構，只是他的自由主義中非常小的一部分。他實際上論證支持某種要求更高的東西。

沃　這對個人來說要求很高，但對社會來說沒這麼高。

瑞　這對兩方面要求都很高。彌爾不只是要求我們批評自己，還要對彼此負責，而且要經常仔細檢視。對於他的很多讀者來說，這都相當困難。在湯瑪斯．哈代（Thomas Hardy）的小說中有個美妙的時刻；哈代是彌爾的頭號粉絲。在他的小說《無名的裘德》（*Jude the Obscure*）裡，其中一個角色蘇．布萊德海在讀彌爾，而她對她丈夫說：「我們必須一直選擇我們自己的意見；這是約翰．彌爾的話。為什麼你不能照這樣做？我總是希望如此。」而她的丈夫理查．菲洛森說：「我幹嘛在乎彌爾？我只想過平靜的生活。」

這一幕美妙的地方，在於你可以想像哈代的讀者這麼說：「對欸。約翰真的要我們質疑一切嗎？我也只想過平靜的生活啊。」當然，對彌爾來說，那種平靜生活，在定見中深深酣睡，我們停止質疑自己跟彼此，就是事態開始變得危險的時候。那正是自由主義受到威脅的地方。

沃　這樣也有點反諷，因為她引用彌爾，就好像他是個權威似的，然而想來彌爾不會想要把自己樹立成絕對權威：在自由主義方面，就跟其他方面一樣，他可能有錯。

瑞　他作品中的張力之一，在於一個人要怎麼應付權威。實際上，他想要更博學、更聰明的人比未受教育的大眾更具影響力，而他很出名的就是擔憂在教育水準提升前的普選權。但在另一方面，他確實在各種場合明確接受他看錯了某些事情；舉例來說，對於他的經濟學信條之一，他改變了心意。他認為湯瑪斯・海爾（Thomas Hare）的一組論證一錘定音，他立刻就轉向支持比例代表制。

所以，他有一個曾經苦思某個主題的人所具備的權威，也願意說「這是我認為的真理」。但在反對論證建立起來，他也認為夠強大的時候，他自己會願意改變意見。在某種意義上說，彌爾的危險——你可以看到這已經發生在哈代身上——在於他變成了舉國的寶藏：每個人都想引用他；他是自由主義歷史中地位相當安全穩固的人物。所以他失去了對於他那種自由主義很根本的某些危險性。

沃　的確，某些人帶著《論自由》到處跑，把它當成宗教書籍一樣地讀。

瑞　實際上，此書被他很多的同輩人描述成有種福音書的感覺。而其中肯定保留了身為自由主義新約的某種感覺，因為這本書簡短又寫得很好，還有論戰性，也因為此書可以被每個世代用不同的方式重讀。作為一個政治理論與哲學作品，它保留了比大多數書籍更多的權威性。事實上，有人問自由黨[14]的前任領袖喬・格里蒙（Joe Grimond）：「你怎麼樣讓你的自由主義

14 譯註：自由黨成立於一八五九年，曾經是英國兩大黨之一，後來地位逐漸被工黨取代，在一九八八年與社會民主黨合併，改稱為自由民主黨。

精神保持活躍？」他說：「每年新年我都重讀《論自由》。」

・為未來撰寫的《論自由》

沃　《論自由》是在一八五九年第一次出版。你可以讓我們感受一下當時的氣氛嗎？

瑞　《論自由》中的悖論之一是對抗輿論暴政的最強論證：彌爾擔心大眾通訊、大眾媒體、大眾旅行、普選權，會創造出事事都被想過做過的狀態。他害怕個人主義、怪癖、保持異端性，將會變得更加困難。但他辯護《論自由》不是為了他自己所處的時代，而是為了未來。他的書跟達爾文的《物種源始》同一年出版，自由黨也在當年誕生，而這是一段知性開放又百花齊放的偉大時期。所以在某種意義上說，《論自由》跟它自己的歷史脈絡不太相合。

《論自由》為何至今不衰，其中一個理由在於雖然某些法律論證跟制度論證跟彌爾的時代呼應良好，他對於過自由生活是什麼意思、提出並再修正自己的意見、還有建立你自己的生活提出的論證，在二十一世紀開端還比他實際寫下《論自由》的時代更切題。

沃　在這本書裡，彌爾把很大的功勞歸給哈麗葉・泰勒。如果你相信彌爾，她是他這本著作的共同作者。這是個實質的主張，或者是他個人慷慨的表現？

瑞　彌爾誇大了哈麗葉・泰勒的知性影響，因為他深愛著她。她是他多年來受人爭議的伴侶，後來還成為他的妻子。很清楚的是，他們在知性上共同合作，她對他有某種影響力。不過他的自由主義本質，是在她成為嚴肅知性合作者之前就誕生的。《論自由》是在哈麗葉・泰勒死後幾週就送到出版商那裡；這本書是在她死前寫的。在亞維農近郊的墓園裡，有個給她的紀念碑，不過這本書是文學上的紀念碑，這是他感謝哈麗葉的方式。

沃　你奉獻了相當多時間一再重讀彌爾，並且把他的作品放進他的生平脈絡裡。你從中得到什麼？

瑞　彌爾給我們的是一種思索許多當代社會問題的方法，在許多例子裡，在當時也是社會問題。不過在《論自由》裡，彌爾明白地提出這類的問題，像是：「一個人怎麼樣規範酒類攝取？」「賭博呢？」「娼妓呢？」他沒有處理肥胖問題，因為那時候這不是問題，但我確定如果他現在寫這本書，就會談到。他也給我們一個言論自由法律的框架，還有其他。所以他給我們一個方式去思索規定，環繞著一個自由社會的制度。傷害原則，還有他訂下的言論自由規則，仍然是開始討論規範或其他個人行為的好起點。

彌爾也給我們一些別的東西。他給我們一幅如何生活，還有構成一個好生活的畫像。這一點在現代引起的共鳴比當時還要更強烈。他論證說，唯一配得上稱為好的人生，是由個人自己主導，一個經過詳細檢視的自主人生。到達這個程度，我的人生就是好的人生，是我所選擇的：我決定什麼能構成一個活力興旺的人生，而且我追求我對於好生活的定義。讓彌爾自由主義這麼強健的是他的觀點：什麼對我來說構成美好的人生，在這方面我就是專家，而那就是美好人生跟美好社會賴以建立的基礎。這不是為了國家、教會、任何其他類型的機構制度，或者為了規定什麼是構成美好人生的多數輿論。一個好的人生是自主的人生，而這是個在當時跟現在，都同樣引起世界共鳴的訊息。這個訊息不只應該讓我們的政治界知道，至今的個人反省也該知道這點。

理查・瑞夫斯（Richard Reeves）是英國副首相尼克・克雷格（Nick Clegg）的政策主任，也是智庫「大眾」（Demos）的前任主任。他的著作包括《快樂星期一》（*Happy Mondays*）與《約翰・史都華・彌爾：維多利亞時代的煽動者》（*John Stuart Mill: Victorian Firebrand*）。

· 18 ·

聊聊齊克果的《恐懼與戰慄》

克蕾兒·卡萊爾 vs 沃伯頓

大衛．愛德蒙茲引言

神叫你殺了你的兒子，你應該遵從祂的意旨嗎？齊克果是一位十九世紀丹麥哲學家兼基督教神學家。他有一段豐富多產卻短暫的人生，他在一八五五年去世，年僅四十二歲。《恐懼與戰慄》（*Fear and Trembling*）正如他幾部其他著作一樣，是用假名跟不同的語氣寫成的，齊克果在書中專注於神召喚亞伯拉罕犧牲他的兒子以撒的聖經故事，而且把重點放在亞伯拉罕當時面對的極端痛苦選擇。《恐懼與戰慄》是齊克果被譽為存在主義之父的理由之一。克蕾兒．卡萊爾是倫敦國王學院的一位齊克果學者。

．探索亞伯拉罕與以撒的故事

奈傑爾．沃伯頓（沃） 我們討論的主題是齊克果的著作《恐懼與戰慄》，這是一本聚焦於某個特定聖經故事的書。

克蕾兒・卡萊爾（卡）　這本書把重點放在希伯來聖經裡亞伯拉罕與以撒的故事。神命令亞伯拉罕帶著他的獨子以撒到摩利亞山上，在那裡犧牲他。亞伯拉罕走上三天的旅程，帶著以撒到峰頂，準備好祭壇。以撒躺在祭壇上，亞伯拉罕舉起了刀，就在他這麼做的時候，一位天使說道：「你不必犧牲以撒，你可以用公羊來取代。」

沃　齊克果把這個故事轉變成哲學，探索其中的蘊含。

卡　對，沒錯。齊克果用這個故事點出基督教信仰的幾個重點。亞伯拉罕常常被描述成信仰之父。所以齊克果提供了一個對於這個故事的詮釋，對於信仰提出了一些問題，更具體來說是針對基督教信仰，因為齊克果本人就是在這個傳統之中思考與寫作。

沃　不過他並不是用本名來發表，而是透過一個假名。

卡　這本書是用約翰尼斯・德・賽倫提歐（Johannes de Silentio）的筆名寫的，翻成白話就是「沉默約翰」。此書在一八四三年第一次出版時，齊克果的名字沒出現在書中任何地方。從表面上來看，這本書是由這個叫做賽倫提歐的人寫的。他不只是個假名，也不只是齊克果採用的一個名字：他是個自成一格的角色。他有自己的觀點，而這全都是齊克果的文學策略的一部分，因為他想讓讀者反省，然後提出問題。

沃　鼓勵讀者從一個化名作者的觀點來透徹思索事物，是他在很多著作裡做過的事。

卡　齊克果的作者身分分裂成所謂的美學式或假名式的文學，還有齊克果用自身名義發表的文本：後者通常在語氣上明確有宗教性。不過有許多假名式的作品，以及許多不同的假名，而這些作品通常都間接反省了宗教問題。

‧只看重快樂結局而略過過程

沃 在《恐懼與戰慄》中，賽倫提歐探索了這個故事，他引導我們看了幾種可能的狀況。

卡 這本書有許多不同的小節，不過其中一個最早的小節「協調」，講了這個故事的好幾個不同版本。在其中一個詮釋裡，亞伯拉罕絕望了；在另一個詮釋中，他拒絕犧牲以撒；如此等等。提供好幾個版本的詮釋，是為了達成幾個目的。一個是強調亞伯拉罕可能有多種方式回應上帝的命令。這幫助讀者把焦點放在亞伯拉罕的回應本身：尤其是放在亞伯拉罕被置入的存在處境，還有他面對這個命令時，有好幾種可能回應方式的事實。他的回應就是他的選擇；他選擇了一種可能性，就是帶著信心回應——但當然，有好幾種選擇是對他開放的。

這也讓讀者把焦點放在亞伯拉罕的那趟旅程上。齊克果認為人通常直接達到結論，就說：「到最後一切都好，他不必犧牲以撒。」不過齊克果想提醒讀者亞伯拉罕走的那趟旅程，得走上三天的事實。他想強調亞伯拉罕必然感受到的極度痛苦。他也想強調亞伯拉罕身體上踏出的每一步，就表示也象徵了他對於自己所做決定的承諾；而且這是一般性的存在模式：事實是，我們總是在變化的過程中，我們是暫時存在的。所以在每一刻，我們都在更新我們的行動，再度選擇我們發現自己所處的任何環境。

沃 從理性論者的觀點來看，就因為你聽到或接收到一個訊息說你應該犧牲自己的兒子，這並不順理成章表示你應該犧牲自己的兒子。我們大多數人置身於這種立場，會非常嚴重地質疑訊息的來源。

卡 沒錯。這是齊克果想在《恐懼與戰慄》中強調的事情。在書裡，非常強烈地強調了亞伯拉罕的行動與決定不能透過理性理解，這不是理性的。從任何道德基礎上，也無法辯護這些行為的合理性，這些行為是不道德的。齊克果想要凸顯，亞伯拉罕的信仰看來自相矛盾，在道德上令人憎惡。

・回頭再檢視信仰

沃 所以這在道德上令人憎惡，然而在傳統上讓人贊同，因為聖經上明顯的解讀是亞伯拉罕是好人，他做了正確的事。

卡 對的，而那正是齊克果要他的讀者去質疑的。因為齊克果在他的同儕基督徒之間感受到一種自滿，一種信仰是簡單小事的自大。信仰是一個人單純生下來就有的東西，因為他在一個名義上屬於基督徒的社會裡長大，而且信仰牽涉到上教堂、貫徹身為基督徒要做的那些動作。齊克果想要挑戰那種自滿，那種已經是基督徒的人擁有的自大。齊克果認為，這種自大阻擋了成為一位基督徒的計畫。

如果你認為你已經是個基督徒，你就不認為這是一種存在性的任務。所以齊克果設法動搖可能有不批判、不質疑就接受亞伯拉罕故事，認為亞伯拉罕是信仰之父的人。齊克果在說的是：「如果亞伯拉罕是信仰之父，那麼信仰是什麼？信仰要求我們做什麼？這似乎是個無法理性化的恐怖玩意，無法奠基在任何理性基礎上。所以這是什麼？」齊克果想要凸顯的其他問題是：「要是亞伯拉罕錯了怎麼辦，要是他搞錯怎麼辦？」「要是他聽到的不是神的聲音呢？」「如果這是某種幻覺呢？」齊克果把這種懷疑的可能性連結到耶穌門徒的處境。他的門徒可能弄錯了，他們可能會懷疑耶穌是誰。他們沒有基督教成功發展的結果可以仰賴。從歷史上來說，在那種處境下，他們不知道未來有什麼，就像亞伯拉罕不知道以撒會被賜還給他。

‧基督教國度的蘇格拉底

沃　所以這有點像是蘇格拉底方法。蘇格拉底會拿某樣大家理所當然接受的東西，然後實際上向大家揭露他們其實不知道他們自以為知道的東西。在此，信仰似乎對基督教教誨來說是核心。但神把一個非常奇怪的要求施加在信徒身上——要在缺乏證據的狀況下還有信仰。

卡 齊克果把自己看成是某種基督教國家的蘇格拉底，他對蘇格拉底很感興趣，也受到蘇格拉底啟發。他的博士論文是談蘇格拉底，而且有非常清楚的平行對比。就像蘇格拉底認為人假定他們具有知識，而那種假定意味著他們不用再費事去尋求知識，齊克果認為人假定他們是基督徒，而這個假定阻止他們去尋求如何**成為**基督徒。所以這裡有個跟蘇格拉底哲學的清楚平行對比，齊克果自己對此非常有意識。

沃 還是很難看出亞伯拉罕的行動到底怎麼會讓人敬仰佩服。

卡 對齊克果來說，從任何社會可以接受的道德概念基礎上來說，亞伯拉罕都是個無法被理解，也無法被仰慕的孤獨人物。亞伯拉罕願意犧牲以撒，並沒有為任何其他人類帶來好處：這對以撒沒有好處，但對任何別人也沒有。他犧牲以撒不是為了某種更大的社會之善。再者，以撒象徵社會，因為他是亞伯拉罕的獨子，而且以撒等於未來的以色列部族。亞伯拉罕將會成為一國之父，所以照賽倫提歐的說法，這個國家從象徵意義上來說，別在以撒的腰際上。所以犧牲掉以撒，實際上也是在犧牲社會。

沃 解讀齊克果的困難面向之一，在於齊克果實際上在想什麼。你認為齊克果在此傳達的訊息是什麼？

卡 他想要這個文本的讀者替自己思考，去提出問題。他在某處寫到他的文本是一面鏡子，提供一種自我反省、自我理解、自我檢視的助力。就像亞伯拉罕的故事向無窮無盡的詮釋開放，《恐懼與戰慄》也開放供人詮釋。我自己對這本書的理解，隨著時間而改變。現在我認為齊克果的訊息是以一個問題的形式出現的，而這問題是關於基督教理想，即信仰的理想，事實上是否能夠達到，這樣是否真有可能。我們之中的任何人真的能做出像亞伯拉罕那樣的行動嗎？我想這是他要讀者自問的。然後另一個問題會從這裡接著來：亞伯拉罕是信仰之父，而如果我無法像亞伯拉罕那樣做，那麼我有信仰嗎？我能有信仰嗎？到底有沒有可能具備亞伯拉罕展現出的那種信仰？

・對存在主義者的吸引力

沃　《恐懼與戰慄》對一些存在主義思想家特別有吸引力，其中的名家包含沙特。這本書裡到底有什麼，讓他們覺得跟他們的研究興趣這麼相關？

卡　這本書有幾個面向。一個是它對於信仰與理性之間的關係提出的問題，而更寬廣地說，是人類存在、人類主觀性本身，還有理性之間的關係問題。可以從這本書中取得的一個訊息是，人類存在的真理無法從理性思維這方面來適切掌握或表達。

另一個面向是選擇的主題，回應某個特定處境，置身於一個道德兩難——好幾位齊克果的主角發現自己身處的狀況——而且沒有任何根據可以在兩種選項中做選擇。正因為亞伯拉罕所做的是不理性的，在某種意義上，他脫離了理性的領域，而他面對自己的自由，當然是齊克果所強調的極端痛苦經驗。當然，自由的痛苦憤懣，是沙特的存在主義核心主題之一。

沃 為什麼今天還應該讀《恐懼與戰慄》？

卡 如果讀者是基督徒，那麼他們可能會從讀這本書裡發現某種靈感啟發。如果讀者是哲學家，那麼他們就會發現對他們自身信仰的挑戰，或許是在哲學之中。在這本書裡，就像他的幾本其他著作一樣，他批判不必然在反省自身存在的學院派哲學家。他們可能會問抽象的問題，以便迴避反省在齊克果看來更迫切的問題：關於我們要做什麼，我們承諾什麼等的問題。

但是《恐懼與戰慄》是那種不僅會吸引學院派跟宗教讀者的書。這種吸引力的理由之一，就是它談的主題是普世的人性主題，像是愛、苦難與失落。這本書的核心是一對父子：一位父親面對即將失去兒子的前景，而大體說來是失去、或者必須放棄對他而言最珍貴的東西。這是我們在某一刻都有可能發現自己碰上的人類處境。所以，這本書有種情緒共鳴，這是為何範圍甚廣的讀者還繼續閱讀並討論它的理由之一。

克蕾兒・卡萊爾（Clare Carlisle）是倫敦國王學院的宗教哲學教授。她的著作包括《齊克果的改變哲學》（*Kierkegaard's Philosophy of Becoming*）、《齊克果的「恐懼與戰慄」》（*Kierkegaard's Fear and Trembling*），還有菲利斯・哈維松（Félix Ravaisson）《論習慣》（*Of Habit*）的第一個英譯本。

· 19 ·

聊聊尼采的藝術與真理

亞倫·雷德利vs沃伯頓

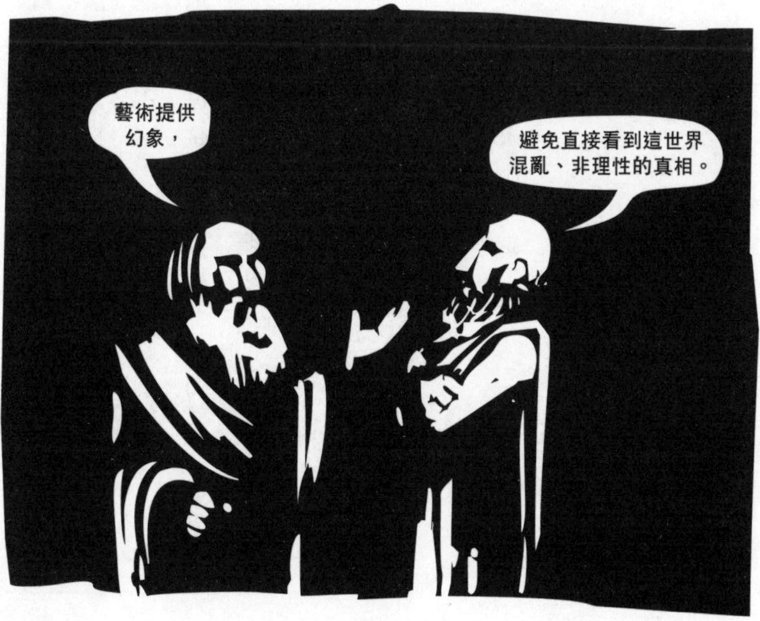

大衛・愛德蒙茲引言

藝術教導我們真理嗎？還有這是它的目的嗎？根據批評家的共識，尼采是個木耳作曲家；而根據普遍的共識，他是個大師級作家。尼采對藝術很認真。直到跟作曲家華格納嚴重鬧翻為止，他們都是密友。對尼采來說，藝術、還有音樂與戲劇的功能，是給我們關於真理的一種暗示；而這個真理是，世界是混亂無意義的。但同樣地，藝術必須替我們擋開這個令人畏懼的現實。亞倫・雷德利是南安普頓大學的尼采學者。

奈傑爾・沃伯頓（沃）　我們要聚焦在尼采對於藝術與真理的觀念上。你可以稍微說明一下尼采與藝術的關係嗎？

亞倫・雷德利（雷）　尼采堪稱是有史以來最執著於藝術的哲學家。在整個人生裡，他自視為一個認真的詩人；他也自視為嚴肅的作曲家，雖然從他所做的曲子來看，事實相反。他給藝術非常重要的地位。

・悲劇藝術的力量

沃 在他的第一本書《悲劇的誕生》裡，他聚焦於悲劇的藝術，但此書闡明了關於藝術與真理的其他事情。

雷 尼采寫下《悲劇的誕生》時，處於叔本華的魔咒下，叔本華認為世界是個徹底邪惡恐怖的地方，而一個人要是真的捕捉到世界的本質，就會看到這整件事，存在本身是個可怕的錯誤。尼采從某方面來說，從叔本華那裡承繼了這個思想。但叔本華認為有好理由棄絕一切，對世界說不，對存在說不，尼采卻認為古希臘人已經找到一個方式，利用存在的基礎本質是可怕的這個真相，來讓他們的文化更精力充沛，而他們正是透過悲劇藝術做到這一點。他認為雅典文化的興盛是悲劇藝術的功能之一。透過悲劇，雅典人容許自己得到一點剛好足夠的暗示，暗示世界真正構成的黑暗並非理性力量，同時透過蓋上一層幻象的面紗，拯救自己免於這種體認帶來的全部衝擊。所以你得以一瞥真理，然而這個真理被包裝得美味好入口，苦藥被幻象的結構弄得甜絲絲的。他們的悲劇特色就在此。你需要真理來賦予它自身的精力，生命力的泉源是徹頭徹尾不理性的，但你也需要藝術提供的幻象，避免那股精力把你炸成碎片。

沃 他透過日神式（Apollonian）與酒神式（Dionysian）的概念來表達這一點。

雷 對，他用兩個神的形象來人格化各種形上學層次。他將酒神戴奧尼索斯連結到的現實是，世界到頭來是混亂、毀滅與無意義的奮鬥。幻象、表象，這些我們塗在酒神式現實上來藉以自保的東西，他將之連結到日神阿波羅。他認為在古典希臘悲劇中，讓酒神式真理進入，並且透過日神式幻象讓它好入口，達成了某種絕對精巧有創意的平衡，而且這是古典希臘悲劇的獨特成就。

沃　然後蘇格拉底來了，擾亂了這一點。

雷　蘇格拉底帶來了悲劇的死亡。尼采的《悲劇的誕生》事實上大半篇幅貢獻給悲劇之死，還有解釋從他的觀點來說，一個非常不同的世界觀怎麼樣被放到定位，在此非理性到最後被視為不真實的，他把這個世界觀跟蘇格拉底這個人物連結在一起。所以，尼采認定的希臘人洞見，即世界的基礎本質是混亂與非理性以及其他，從蘇格拉底的觀點來看，這是不可能成立的。不可能有這樣的世界，因為在蘇格拉底式的世界觀裡，有個理性與現實，確切來說還有良善，之間的等式。所以，從尼采的觀點來看，先前只被當成幻象，對你遮蔽現實的某個版本日神式現實**變成了**現實。而如果你開始像那樣思考世界，從尼采的觀點來看，悲劇再也無法做到它過去做的工作，因為在這種圖像上，不再有任何可以一瞥，或者當真要保護你自己避免的酒神式現實存在了。

・迎接悲劇的重生

沃 不過當然了，尼采本人相信戴奧尼索斯是世界上很重要的一股力量。他沒有接受蘇格拉底式的圖像。

雷 正是如此。尼采認為叔本華跟希臘人捕捉到了某樣東西，世界就其最內在的本質來說是混亂而可怕的，前蘇格拉底的希臘人已經找到一條路並從中汲取力量，就是透過悲劇。然而後蘇格拉底時期，那種現實被否定，而從尼采的觀點看來，一切都變得更稀薄了，一種基本的原始精力被剝奪了，這種精力跟戴奧尼索斯一起被偷走了。

《悲劇的誕生》結尾實際上是關於悲劇的重生，或者悲劇重生的可能性。他認為現在——他顯然是在十九世紀末寫作的，不過「現在」意味著整體的現代性——或許可能再度出現這種有文化支持的藝術。理由在於透過某種方式通往基督徒世界觀的蘇格拉底式世界觀，開始失去對我們的掌握了。所以如果蘇格拉底／基督教式圖像開始被鑿去，那麼酒神式圖像又再度可以供應，而我們原則上應該能夠達成那種不可思議的平衡：一瞥酒神式真理，同時又透過阿波羅的幻象讓人生還能過得下去。

沃 所以在他寫作的那個階段，尼采肯定是把藝術看待成某種讓生命值得活的東西。如果我們看到世界真正是什麼樣子，將無法再過下去。

雷　從尼采的觀點來看，肯定是這樣。世界只是變化與毀滅的無意義行進：它沒有道理，沒有模式，沒有理由。更有甚者，這是他也從叔本華那裡得到的觀點，如果那是對現實的正確理解，那麼特定人、特定事物、特定物體的個體性本身也是一種幻象，是日神式世界的一部分。我們是什麼？我們只是大漩渦捲起波浪上的浮沫，沒有理由地在虛無中破裂。尼采認為，得到那樣的畫像會讓人精力充沛，但看到太多在精神上是徹底毀滅性的。「這裡沒有我，我就只是潮流、水花與雷電的隨機匯流，在這裡停留片刻，然後就是這樣了。它的任何一部分都沒有意義！」

所以他想，從我們個人存在的觀點來看，如果我們要開始察覺到自己其實是幻象般的個體，那麼對我們來說最好的事情會是根本不要出生，第二好的事情就是快點死。如果你真的想清楚看見自身個體性的虛幻性質，那麼你只能把自己的人生想成是一個錯誤。所以你需要某些幻象來保護自己免於這個想法。日神式的步驟再度介入力挽狂瀾，強化或拯救我們對自己身為完全個體的感受。

・藝術帶來迴避混沌真理的幻象

沃　你在說的是對於尼采，在這個早期階段，藝術的功能是給我們一種幻象，這個幻象將形體與融貫性賦予某種到頭來只是流動變化的東西。

雷　正是如此。日神派所做的是散播一種非真理，以便保護我們避開**唯一**真理，而它可以用好幾種不同方式做到。某些日神式設計是類似這樣的：讓可以識別的角色有融貫的動機，他們以我們能夠認識到人類會做的方式行動。但當然了，這是日神式的，因為事實真相是，這全都只是爭鬥與混亂。然後，透過給我們一個可理解的情節，彼此用可理解方式互動的角色，還有一個以悲劇應有的那種著名不可避免性展開的故事，這一切所做的又是強化一組特定的幻象，造成人生是有意義的效果。

沃　尼采關於藝術的觀點隨著他的年齡增長有什麼改變？

雷　在他寫下《悲劇的誕生》以後不久，有個非常天搖地動的改變。我說過，《悲劇的誕生》最後一節提出承諾：會有悲劇的重生。當時他正在寫這本書，他認為這正是華格納的音樂戲劇裡發生的事，而對華格納來說，尼采是個意願很高的宣傳者，確切來說，可能是任何藝術家曾有過最能幹的宣傳家。《悲劇的誕生》是對華格納的讚歌的一部分：這就是了！從埃斯庫羅斯[15]之後第一次，我們真的有像樣的藝術，做藝術應該做的那種事情。

但在寫下《悲劇的誕生》之後不久，他就跟華格納鬧翻了。他完全幻滅，認定他本來想過

15　Aeschylus（約西元前523年至456年）是希臘悲劇作家，其作品《奧瑞斯提亞》（*Oresteia*）是現存唯一完整的三連劇，內容包括《阿卡曼農》（*Agamemnon*）、《奠酒人》（*Choephoroe*）與《復仇女神》（*Eumenides*）。

的偉大重生悲劇形式，事實上是他對基督教最深惡痛絕的一切——只是經過掩飾。我想他完全看錯了華格納，不過這其實不著邊際。尼采變得非常投入那個觀點。而這不是巧合，在他認定華格納是個江湖郎中、終究不是現代文化救星的時候，藝術在他的重要事物萬神殿裡地位大降了好幾年。

・反叛知性導師時期

沃 他關於真理的觀點有怎麼樣的改變？

雷 喔，在他開始確信華格納是個騙子的差不多同時，他也確信叔本華也是一切良善事物的敵人。這是尼采經歷他的伊底帕斯時刻，正在成長並且想要得到空間，而且用古典的方式反叛他的知性導師。不過他一決定叔本華其實也是壞消息，那讓他非常懷疑叔本華式的形上學，那正是他在《悲劇的誕生》中一切的基礎。讓人好奇的是還有什麼繼續留存。他遠離了叔本華，甚至有一度跟他斷絕關係，他認為世界是混亂的，世界缺乏意義，但不再認為這是個深刻的形上學論點。這個論點造成的後果是，如果我們看到表象之後的東西，那麼我們就會把一切看成不過是騷動與胡鬧。

在一八七〇年代晚期的一段短時間內，他在這時認為我們通往真理的最佳路徑是透過科學，而科學證明我們一般認定的經驗世界是毫無希望地不適切：比起**那種**看法，他說世界確實是個名副其實的大雜燴。不過，因為科學容許我們對於經驗事實實際上是什麼有個較好的理解，也提供了這種展望：我們可能透過這個知識，嘗試讓這個世界變成一個顯然比較好的地方。然而他認為，我們在對真理變得更加有知識的過程中發現的一大堆事情，會變得非常擾人。所以從這個觀點出發，他認為雖然到頭來我們應該能夠缺乏作為幻象食糧的藝術，而且，確切來說，一旦我們習慣了真理，並且讓自己用適當的方式堅定自己對抗它，我們**會**變得不需要藝術。然而在現在，在轉換期間，我們仍然會緊抓著藝術。在我們逐漸透過科學發掘關於事物的真相時，藝術仍然要扮演一種保護性的角色。

沃　你說這是個短暫的階段。接下來發生了什麼事？

雷　嗯，他領悟到這跟他沒有關係，他花了幾年當別人！這個變化有個非常好的徵候，我們變得更有知識以後能做到的事情之一，會是逐漸地廢止苦難，而更進一步來說，這樣會是一件徹底的好事。這可能是尼采有過最不像尼采的念頭。在《悲劇的誕生》裡，他認為瞥見事物恐怖的現實，以及從自己獨立存在的幻象帶來的苦難可以讓人變得更堅強，也更充滿生氣。所以，苦難對你是好的。

而他回到這個觀點：他一再回歸，而且還更加狂熱地支持這個想法，至少對於某些苦難來說，有些真正有價值的東西。所以尼采回過頭去認為，企圖完全廢棄苦難，把這當成一種讓人生變得更好的辦法，事實上是一種對自身不再有精力的人生，一個衰落成自滿無趣的人生的典型表現。

沃 藝術形塑一個顯然缺乏形式的現實的方式，幾乎就反映在他針對我們可能怎麼樣著手應付自己人生的話裡。

雷 對，沒錯。一旦他從積極派時期脫身以後，還是認為世界在內在本質上是混亂的，對人類目的與人類需要無動於衷。這是個沒有意義的世界，而這給了我們一些挑戰，尤其是如果我們不想自己去利用某些我們可能擁有的較明顯方式，去處理外觀上的無意義性。一種會是蘇格拉底式／基督教式的方法，根據尼采的說法，這種方法會等於這種無意義性只是表面的；如果一個人看得夠努力，想得夠努力，就會看出實際上一切都是往好的方向發展，這一切都是在所有可能世界裡最好的世界中做的最佳安排（在此的最佳，是一個事實上超越了此世的世界）。尼采認為那是個幻想，一個危險的幻想，我們應該學會不靠這幻想。

實際上，對尼采來說，我們剩下來的就是一個混亂無意義的世界，但不是在深刻的叔本華式意義上，只是在一種明確、立即又直接的意義上，我們應該知道不要嘗試靠著對此撒下彌天大謊，設法讓我們自己覺得愉快，就像他認為蘇格拉底用這種方式撒大謊，基督教也是用這種方式撒大謊。他認為，我們必須做的，反而是說些小謊，這些謊話並不會讓存在的整體特徵被竄改，卻有讓某些部分的存在可以忍受的局部效果。他認為透過我們思索自身所住世界的方式，我們可以做到這一點。但如你所說，我們也可以靠著把自己變成某種幻象，來做到這一點——如同他著名的說法，靠著替我們的特質賦予風格。這個想法是，我們可能變成藝術品，我們可能透過某種自己主導的藝術性來增進自己。

沃 對於尼采不同的藝術與真理觀點，你描述出一種詮釋。但你認為他對於這種關係說對了什麼，或者他的觀點只有歷史研究上的意義？

雷 這不只是有歷史研究上的意義。尼采的藝術立場不尋常之處，在於保持一致的想法：藝術是某種交換幻象，交換欺騙，交換部分視野的東西。而且的確，這是藝術的大半重點所在。在藝術思想史上，這是個非常不正統的立場，在思索藝術與真理之間關係的思想史上尤其如此。幾乎所有哲學家想做的，就是說藝術是個好東西，而它是好東西有部分是因為它跟知識有某種關聯性，這對我們來說很寶貴，一直有種占上風的趨勢。這種可能常常顯得浮誇又沒說服力的嘗試，就是要捍衛我們對藝術的投資，方法是替藝術裝上高尚的知識論目的。但這種抗辯，雖然非常非常普通，卻是我們可能想要帶著一定疑心看待的東西。所以我不認為尼采的研究只有歷史價值。對於藝術與真理之間的關係，他提供我們更豐富、更有挑戰性的概念，比任何其他哲學家做過的還多，而這是個我們還有待恰當掌握的概念架構。我們有多**想**知道我們自己，還有我們這個世界的事？我們知道這些事有多**好**？這些是尼采的藝術哲學逼迫我們去問的不熟悉問題。

亞倫・雷德利（Aaron Ridley）是南安普頓大學的哲學教授。他主要研究美學與尼采哲學，他的著作包括《音樂哲學：主題與變奏》（*The Philosophy of Music: Theme and Variations*）以及《尼采的良心：出自「道德系譜學」的六個性質研究》（*Nietzsche's Conscience: Six Character Studies from the "Genealogy"*）。

· 20 ·

聊聊亨利·西吉威克的倫理學

彼得·辛格vs沃伯頓

大衛・愛德蒙茲引言

在效益主義傳統中最重要的哲學家是……？你會選哪一位？邊沁？彌爾？普林斯頓大學的彼得・辛格選定的是一位大家比較不熟悉的十九世紀思想家，一個學院之外鮮為人知的人物：亨利・西吉威克。

奈傑爾・沃伯頓（沃）　我們的重點主題是亨利・西吉威克的倫理學。誰是亨利・西吉威克？

彼得・辛格（辛）　亨利・西吉威克是十九世紀晚期的維多利亞時代哲學家，劍橋大學的哲學教授。包括我在內的許多人認為，他寫下了有史以來最偉大的倫理學著作之一，《倫理學方法》（*Methods of Ethics*），此書第一次出版是在一八七四年。在他整個人生裡，他一直重新修正此作，所以最後一版是第七版，在他死後於一九〇七年出版。

・效益主義三傑

沃 他是哪種哲學家？他的核心主題是什麼？

辛 西吉威克是個效益主義者。在大家談到古典效益主義的時候，通常會談到邊沁、彌爾跟西吉威克。我認為西吉威克是他們之中最偉大的哲學家。很顯然，邊沁是個先驅，在範圍極廣的各種主題上寫了巨量的政治改革、法律與法學作品，他博學得不可思議。彌爾是了不起的大眾作家，《論自由》是經典；《效益主義》（*Utilitarianism*）也非常受歡迎，銷量很好，幫忙散播了他的觀念；而且當然了，《婦女的屈從地位》（*The Subjection of Women*）遠遠超前了它的時代。不過毫無疑問，西吉威克是這三個人之中最小心且周延的哲學家，非常公平，總是會想到反對意見，在概念上也總是清楚精確。

・行為結果論

沃 效益主義之中有許多不同的形式。他是哪種效益主義者？

辛 西吉威克是個**快樂主義式的**效益主義者。這表示他認為要被最大化的是樂趣或快樂：與痛苦或磨難的數量達到最大可能的平衡。他也是我們今天會稱為「行為結果論者」（act consequentialist）的人，照著這個行為是否會導致更好的結果來判斷每個個別行動。（相對來說，「規則效益主義者」〔rule consequentialist〕先決定如果普遍遵從，哪些規則會有最佳結果，然後按照每個行為是否符合那些規則，來對這些行為下判斷。）這些名詞並不是西吉威克所用詞彙的一部分。不過我認為，他真正說的是我們做的每個行為，應該從它是否造成最佳結果來判斷，雖然如此，在判斷每個個別行為的時候，我們應該考慮它是否有可能削弱某個有用規則所得到的支持。

沃 所以，如果我現在要對你撒謊，告訴你說這個訪談在幾秒鐘內就會結束，從倫理學的角度來判斷，問題就只在於我說這番話的結果、或者可能的結果嗎？

辛 對，沒錯。現在西吉威克可能會說，對於一般日常生活，我們知道說實話通常是比較好的做法，所以你甚至不該去想說謊話，除非你有理由相信有個相當例外的狀況。不過你說的仍然是對的。並不是因為事實上有個普遍規則反對撒謊，讓說謊成了錯的事，而是那樣做造成的特定結果會是錯的。

・補強常識道德的基礎原則

沃 這讓他聽起來像是邊沁，他的效益主義是快樂主義式的，也是奠基於個別行為之上。所以差別在哪裡？

辛 在發展觀點、精確陳述、並且尋找其中的困難這方面，邊沁不真的是個很有系統的哲學家。另一個差別是邊沁也是個**心理層面的**快樂主義者，一個心理層面的**利己主義式**（egoistic）快樂主義者，也就是說，他認為我們做的所有事情，我們都是為了自身樂趣還有避開痛苦而做。西吉威克認為這是個錯誤，而我在這方面同意西吉威克。

但無論如何，在《倫理學方法》裡，西吉威克設法要做的事情跟邊沁不同。他設法用一種公平的方式，探究倫理學還有什麼可能的思考方式，或者換句話說，還有什麼可能的辦法回答這個問題：「我應該做什麼？」他討論了他所謂的「利己主義方法」，也就是說，這個問題的正確答案是：「我應該做**對我**有利的事。」他也花了很長的篇幅討論常識道德，或者直覺主義，這是那本書中一個美妙的部分。這個想法是，我們**直覺**到某個範圍內的常識原則，舉例來說，包括你剛才想像要違反的「不說謊」或者「說實話」的原則。他設法提出這個原則最好的形式，然後論證說一旦你檢視過，又設法釐清原則以後，常識道德本身並不真的站得住腳。他證明常識道德需要由一種基礎原則來補強，這種基礎原則到頭來就跟效益主義的基礎原則一樣。

沃　常識道德到最後要怎麼在效益主義立場上加以證成？

辛　喔，就拿你剛才舉的撒謊例子來說吧。有個常識規則是「你應該說實話」或者「你不該撒謊」。但接著當你再多想一點這個規則，顯然這並不是絕對的。常識道德並不相信你應該**永遠不**撒謊。在涵蓋範圍很廣的眾多情境下，你可以撒謊。有些狀況非常瑣碎，像是你太太在你出門前過來說：「你喜歡我的新洋裝嗎？」如果你說：「喔親愛的，妳看起來真漂亮。」同時你心裡並不盡然這麼想，常識道德並不真的會譴責你。然後在另一個極端，某些狀況下避免某種災難的唯一辦法，就是撒謊。假設說只有靠著撒謊，你才能避免一個邪惡獨裁者殺死許多人。常識道德說，你在這類狀況下也可以撒謊。所以在好幾種情境下，這個規則，或是許多其他規則，並不是清楚又精確的。要是你問：「對於反對撒謊的規則，我們如何決定那些是情有可原的例外？」西吉威克的論證是，答案通常是要看你所作所為的結果。所以對西吉威克來說，這暗示了「不撒謊」的規則其實不是不證自明的直覺，這是一種附屬原則，在這個原則的底層，有個更加根本的直覺，實際上就是「做會帶來最佳結果的行為」的直覺。

沃　嗯，說謊是相當微妙的事，但某些可能發生的行動，像是酷刑折磨，許多人都相信酷刑折磨應該被完全禁止，沒有例外。西吉威克可以處理這種狀況嗎？

辛　我想西吉威克會用一種相當爭議性的方式處理這種狀況。「不可酷刑折磨」這個規則可能會有好的結果，因為如果沒有一個規則是「不可酷刑折磨」，那麼你會出現一大堆濫用狀況。但可能在某些例子裡，就算在公開場合維持沒有例外的道德規則是好的，卻有可能可以證明打破規則的特定行為是合理的。這是西吉威克所謂的**祕傳道德**（esoteric morality）：做某件事可能是對的，但**只有在事實上你的作為可以保持祕密的時候**。所以，如果你拿有時被稱為「定時炸彈」場景為例，想像有個恐怖份子在倫敦某處藏了一顆核彈，唯一讓他及時揭露炸彈在何處、阻止炸彈爆炸的辦法，就是用酷刑折磨他，或者甚至可能在他面前折磨他的小女兒。西吉威克可能會說：「喔，在這些異乎尋常的狀況下，這樣做可能情有可原，但如果有條規則說你可以酷刑折磨人，就不成道理了，因為如果你這樣做，大家會濫用這條規則。」

・祕密團體道德會破壞公平原則

沃 邊沁跟彌爾式效益主義的偉大美德之一，就是他們認真看待每一個有知覺的生物，而且在他們計算樂趣與痛苦時，似乎也平等地對待有知覺的生物。在西吉威克這方，幾乎就像是有個菁英份子聰明到可以預見結果，而這種人可以僭越規則，但普羅大眾太笨了，看不到自身行動的結果。

辛 西吉威克可能不想從這種方式來說明他的方法特徵，但他確實認為有時候某些人可能處於知識上的特殊地位，他們有正當理由做其他知識沒到那程度的人不能合理去做的事。我不認為這跟邊沁接受的任何平等原則相反，但對彌爾來說，我比較不那麼確定。邊沁的確說過：「每個人都算做一個，沒有人可以被算做超過一個」，而西吉威克完全站在同一邊。他會說：「對，我們平等計算那些人的利益，不過我們必須承認現實，事實是有些人**確實**有特定的知識或特定的能力，讓他們有正當理由做某些事，違反我們應該公開支持的規則，因為其他人沒有特別的知識或能力，有可能會走錯路。」你可能認為這是個菁英主義觀點。誠然，伯納德・威廉斯就這麼認為，他稱之為「政府效益主義」，這召喚出某種殖民地行政長官的形象，他們知道什麼才是最好的做法，但他們不能信任「當地土著」可以得知真相。我想那是個有幾分不公平的特徵描述，但其中有點這種菁英主義的元素，我不會否認這一點。

沃 這裡不是有個風險嗎？如果某些政治家讀了西吉威克的《倫理學方法》，他們會開始相信他們是個有特權的祕密團體，可以說自己有正當理由去做、可以合理化效益主義並不真正認為可以證成的行為？

辛 是有那種風險，而這就是光談到祕密道德都會產生的悖論。也許我們應該把這種內容限定在某處的小研討室裡，只講給一批精選的聽眾聽，因為你一開始講到這種東西，就有了你提過的這種可能性：大家可能會想，我是有正當理由去酷刑折磨的團體成員之一。所以沒錯，在這個學說裡確實有這個危險，但我也認為這個學說有某種真確之處。舉例來說，我認為跟酷刑折磨有關的處境是很難轉圜的。我肯定認為，我們最好有條規則說你永遠不該酷刑折磨。另一方面來說，我無法對自己說，如果我們面對倫敦全滅的危機，酷刑折磨是唯一的阻止辦法時，酷刑折磨還是錯的。

沃 西吉威克是哲學家心中的哲學家，他並不像彌爾或邊沁那樣廣為人知。你暗示了這可能是為什麼：因為他寫作的風格複雜得多。你認為這是唯一的理由嗎？

辛 喔，《倫理學方法》有大概五百頁長度，西吉威克的散文並不是那麼躍然紙上，不會讓你興奮地跟著文章走，不盡然像彌爾常常做到的那樣。西吉威克的美德之一就是這個，他是這麼地小心翼翼：他考慮過所有的反對意見，他限定好他做出的所有主張。這讓他身為一個哲學家比彌爾好得太多。你讀彌爾，然後心想：「在這裡他是什麼意思？他真的是那個意思嗎？這跟他在前面那裡說過的不是不一致嗎？」而讀西吉威克不會得到那種結果。但從另一方面來說，你確實需要更多集中力、更努力去讀。

沃　如果我們生活在由西吉威克經營的世界裡，那會像是什麼樣子？

辛　西吉威克會拒絕這種可能性，他從來不把自己看成一個領袖或統治者。但我猜想，他希望他教育的人會變成統治者。所以，首先我認為他們會對於平等計算每個人之後的整體快樂，付出凌駕一切的關注。我想很有趣的是，他們也會關懷動物的福利，因為西吉威克確實提過動物的福利，就像所有效益主義者一樣：他們比當時其他的倫理學家，更意識到動物也算數的事實。他也非常關注展望長期的未來，強調我們應該關心我們存在的所有時刻，也為我們之後的所有人著想。他是第一批提出這個問題的人之一：「如果我們可以影響未來存在人口的大小，我們應該注意的是哪種原則？」事實上，我想他是明確提起這個問題**唯一**的第一人，德瑞克·帕菲特跟其他人最近曾經用比較長的篇幅討論過此事。我想在今日的世界裡，他會是個強大的環保主義者。我們沒能針對氣候變遷採取行動，會讓他很驚駭。我想他也會要我們更意識到全球的貧窮。所以，我想如果他的影響更廣泛的話，世界會是個比較好的地方。

彼得・辛格（Peter Singer）是普林斯頓大學的生物倫理學教授，以及墨爾本大學榮譽教授。他的著作包括《動物解放》（*Animal Liberation*）、《實用倫理學》（*Practical Ethics*）、《圈子擴大：倫理與社會生物學》（*The Expanding Circle*），以及《你能拯救的生命》（*The Life You Can Save*）。

· 21 ·

聊聊實用主義與真理

羅伯特·塔利斯 vs 沃伯頓

大衛．愛德蒙茲引言

棒球在美國很受歡迎，不過這種運動並沒有在許多國家生根。這種運動在哲學上的等價物就是實用主義，有時候被稱為「美國實用主義」，因為其中的三巨頭，查爾斯．皮爾斯（Charles Peirce）、威廉．詹姆斯（William James）跟約翰．杜威（John Dewey）全都是美國人，他們在十九世紀末、二十世紀初寫作。實用主義被形容成一種運動，這掩蓋了一項事實：它的領袖人物在哲學上差異極大。實用主義反對者說，實用主義的所有形式都是危險的。他們說，這是要命的相對主義的一種型態。為了釐清某些關於實用主義的客觀事實，我們邀請這個主題的一位領導權威人物，范德比大學的羅伯特．塔利斯。

奈傑爾．沃伯頓（沃） 哲學中的實用主義，跟「實用主義」這個詞在日常生活中的用法不一樣。你可以概述它是什麼嗎？這個被稱為實用主義的運動是什麼？

羅伯特．塔利斯（塔） 實用主義在二十世紀之交，主要是從皮爾斯、詹姆斯跟杜威的作品開始的。實用主義由皮爾斯開啟的時候，是一種關於詞彙與陳述意義的概念架構。其主張是，一句話的意義，像是「這把刀很利」，要從一個人會用這個物體執行的行動種類來理解。所以，「這把刀很利」對實用主義者來說，意味著「如果你用它劃過許多其他物質，它會切割」。這個想法是，句子的意義被降到變成針對一種實驗的描述，如果你做**某個特定**種類的行為，你就會得到**這種**效果。

・避免抽象理論化的實用主義

沃　我只是要搞清楚狀況。大多數人會說，一把刀很利的意思就是它會切割東西。但實用主義並不只是常識性的，對吧？這實際上是一種哲學上的反動，是反對另一種想像「利」這個字可能意味著什麼的方式。

塔　對。這是一種嘗試，要把我們所有的哲學概念功能化，而不是嘗試讓它們更高高在上、更抽象，或者舉例來說，去談及鋒利的性質為何。所以你可以想像一個柏拉圖主義者，一個柏拉圖追隨者說：「X是鋒利的」，意思就是它顯示出或者帶有「鋒利」這個理型。實用主義者想回應說：「那不是正確種類的分析。不是柏拉圖主義者給出錯誤的性質理論，而是柏拉圖主義者找錯對象了。」說某樣東西是鋒利的，就是說如果你用它來執行某些行動，你會得到某種類型的結果。所以，這個觀念是把一切都降到實際的層次，並且避免抽象的理論化與訴諸先驗性質。

沃　不過實用主義者並不只是把焦點放在刀子是否鋒利上面。哪種主題讓實用主義者感興趣？

塔　努力方向在於把哲學分析帶到更符合科學實踐的地方。實用主義者提供這種意義的概念架構，當成一種從哲學工作項目表上移除某些特定種類哲學問題的辦法，關於性質、本質、實體以及這些誇張抽象觀念的哲學問題，已經困擾哲學家數千年了。實用主義者的目標不是回答實體是什麼，或者本質是什麼這類的問題，而是完全打發掉這些問題，說這些問題問錯了。所以在這個工作項目表中，回答哲學能做什麼的問題，就跟設法提出哲學理論一樣重要。實用主義者的想法是：「一旦你開始談到無法檢證的事情，或者無法降至人類經驗中某些真正差異上來談的事情，你在哲學上就走上錯誤的道路了。」

・價值意義無法檢證的難題

沃　這樣聽起來，實用主義好像接近於所謂的邏輯實證論——這個觀念是，一則陳述如果不是經驗上可驗證的（如果它無法被測試），或者不是從定義上為真，就沒有意義。

塔　對。最早的實證主義者皮爾斯，有時候的寫作方式讓他非常接近邏輯實證論的確證主義（verificationism），這一派在二十世紀前半風行過。但實用主義跟邏輯實證論不同，他們的不同處在威廉·詹姆斯的作品裡表現得最鮮明。詹姆斯在皮爾斯對實用主義的陳述裡看到一個問題。舉例來說，詹姆斯認為皮爾斯的實用主義對於價值方面的事不夠敏感。從皮爾斯某些作品裡延伸出來的是，價值從實用主義者的圖像裡脫離了，因為你不可能在實驗室裡做個測試，就找出某樣東西好不好或者美不美。皮爾斯在相當程度上被詹姆斯激怒了，事實上，皮爾斯到最後宣稱他不再是實用主義者，而且把他的觀點重新命名為Pragmaticism。皮爾斯說，他想要讓他的觀點有別於他人，方法是給它一個名字，「醜到足以安全地避開綁架者」，他把詹姆斯視為綁架者之一。

詹姆斯看到皮爾斯式實用主義裡有實證論的成分，所以提供了一個不同版本的實用主義。為了回應皮爾斯式實用主義的確證主義成分，詹姆斯說：「好吧，我們用『經驗』一詞時，指的是某種比典型哲學家意義上更廣的東西。」所以詹姆斯認為一句話的意義，就是對某個相信此句為真的人而言，這句話在經驗中的含意。他們兩人形成鮮明的對比：皮爾斯認為一段陳述的意義，在於這句話**為真**的經驗性後果；詹姆斯則主張一段陳述的意義，在於這句話**被相信為真**的經驗性後果。以這種方式，詹姆斯會說關於宗教、關於神、關於價值、關於美的問題全都有非常深刻的意義。這些問題並不是可以隨便打發掉的，因為你不可能在實驗室裡做實驗來確認它們的真實性。你反而必須自問：「相信那個會是什麼樣？」而詹姆斯認為，如果相信神給你面對世界的那種正確心理態度，讓你可以繼續過你的人生，不會沮喪，那就是一個人接納這個信念所需的所有正當理由了。而更重要的是，那些能夠給人力量的心理影響，都是這個信念意義的一部分。

沃　我可以看出這個看法，怎麼樣在後來把詹姆斯的名著《宗教經驗之種種》（*The Varieties of Religious Experience*）合理視為實用主義計畫的一部分。但這也對實用主義造成一個問題，很多人相信，身為形上學實體的神不是存在就是不存在。在某種意義上，真相是在人類**之外**的：真理是世界所是的狀態。

塔　對。這對威廉．詹姆斯來說是個特別困難的問題。詹姆斯說過一句名言：「真理就是管用的東西。」他主張一個命題的真理等於它有多成功地引導行動。所以，看起來詹姆斯好像在說，如果你相信巴士在早上八點離開，而那個信念引導你行動的方式讓你真的搭上了巴士，那麼信念為真就是這樣了。不過正如你所說，被略過的東西是這個概念架構：一句話的真實性，跟它如何連結、符應（correspond）、勾連到世界。

話雖如此，詹姆斯還是有些相當有趣的論證，指出符應或者「勾連」到世界的概念架構，在哲學上很混淆。詹姆斯非常敏銳地說：「你看看，『符應』或者『勾連』，或者『抓住現實』這些譬喻是什麼意思，並不清楚；我們怎麼能在哲學上實踐這些說法呢？」他認為標準的真理符應觀點，大半是賣弄永遠不會變得有實質內容的隱喻。所以，他問一個句子、一串聲音，或者紙上的刮痕，如何可能跟桌子椅子、狗兒貓兒，還有其他東西有那樣的「符應」關係？

・具心理實際效用的信仰

沃　但宗教界人士相信神存在。他們不認為神只是個讓他們的生活過得更好的方便想法。

塔　那是對的。我想你說的是對的，在詹姆斯對宗教信念的辯護裡可能有先上鉤再掉包的成分。他對宗教信徒說：「宗教信念在哲學上是光明正大的，你不該被聰明的哲學家嚇退。」但接著，當你細看他給的宗教信念內容分析時，這是個**心理化**版本的宗教。對詹姆斯來說，對神的信念意味著期望宇宙的改善。具備了詹姆斯所謂的「激烈的情緒」，對神的信念意味著對世界的心理態度會讓你能夠為改善它而奮鬥，並且為你認為好的事情奮鬥。宗教信念對詹姆斯來說，跟來世、天使、有長鬍子白頭髮在天上的那些人沒有關係。

讓我們把這一點帶入一個特定的例子裡。詹姆斯分析了聖餐變體（transubstantiation），在天主教彌撒中的這個部分，根據教義，酒與麵包經過神父轉化，變成了耶穌真正的血與身體。皮爾斯認為聖餐變體是「沒有意義的鬼扯」，對他來說，這只是一個應該被當成廢話打發掉的形上學教條。然而詹姆斯說：「不，我們實際上可以用神的身體與血液為食，這個觀念在心理上是有效力的。這真的是物質觀念的實用性應用。」他說聖餐變體的教條在心理上是有用的，能幫助我們維持去改善世界的動機。在此刻，這個說法會不會打動任何宗教信徒，當然是另一個不同的問題了。

・用科學實驗的探究模式做哲學

沃 在我看來，實用主義應該對科學有很多話要說。在歷史上來說真是這樣嗎？

塔 對，這是真的，而且事實上我們可以看到對科學與科學哲學的明確聚焦，在約翰・杜威的作品中最濃烈。對杜威來說，關於實際實驗、測試假說、生產，以及所有其他理論的探究理論，是他的核心工作。關於杜威的科學觀點，有件值得一提的事情是，它分享了某些邏輯實證論者的動機，但設法以較為廣博的科學概念架構工作。這裡的觀念是，**實驗**是科學的核心。操縱的活動，根據操縱過程的指引來檢查結果，回頭去修正假說，這個成熟版嘗試錯誤的持續過程，就是杜威意指的科學。

杜威認為在實驗室裡實行的科學實驗，只是普通人以適當方式做普遍性思考的精緻化或者更系統化的版本。所以，這個想法不同於實證論式的想法——科學是種類特殊的專業技藝，我們現在需要照著它的模型來塑造哲學。杜威式的實用主義思想是，所有思維以某種非常普遍的方式，表露出在實驗室裡用更系統化的方式得到實踐的探究模式。我們需要注意這個事實，然後根據科學的實驗方法來修正我們的哲學概念。

沃　在我看來，像是實用主義者一旦開始從行為、信念等方面來解釋真理的概念，他們差不多就可以省掉它了。

塔　沒錯，至少對許多版本的實用主義來說如此。杜威對此講得很明白。他論證說，我們可以用「正當可斷言性」（warranted assertability）或「正當斷言」的概念，來取代真理的概念；他認為科學探究其實是追求保證或者證成假說，而不是在追求真理。對杜威來說，關於真理的談話將會脫隊，關於正當性保證的談話會進場，而保證總會是具脈絡性、歷史性或社會性的。

・真理只是對達到應用價值句子的一個獎勵

沃　實用主義沒有在世紀之交停下來，它還有個來世。在我的時代，有一位受到實用主義深厚影響的突出哲學家，就是理查・羅蒂（Richard Rorty）。他如何算是個實用主義者？他對於這個傳統做了什麼？

塔　嗯，我想羅蒂是杜威式實用主義的繼承者。而且，就從我們剛才說的把真理概念代換成正當性的保證說起。從杜威的觀點來看，正當性永遠都是脈絡化的、有歷史的，羅蒂讓這個觀點更進一步發展，然後說了類似這樣的話：「真理只是我們對於似乎有達到應有價值的句子做出獎勵。」或者在別處，他說：「真理只是你說了以後，你對話的對象會放過你的話；真理只是你說出來的時候，你的對話對象會全部點頭稱是的東西。」羅蒂更進一步聲稱，對於真理沒什麼別的好說了。所以他對真理有個解消論觀點（eliminativist view of truth）。這並不是說真理太困難，或者沒有好的真理理論。就算去尋求一個真理理論，對羅蒂來說都是個錯誤。真理是我們根本不該當成哲學事務的那種事。

・羅蒂的相對主義

沃 現在呢，我知道羅蒂沒料到這一著，但納粹怎麼說呢？納粹的所作所為是由德國、奧地利還有部分波蘭地區的數百萬人背書的。然而現在我們視之為有史以來最恐怖的事情。這全都是相對性的嗎？這不可能是對的，是吧？

塔 嗯，我同意你的看法。我不是羅蒂式的實用主義者；事實上，我是反羅蒂的實用主義者。而你是對的，這是反對羅蒂的標準路線，而我認為這是一條強有力的路線。然而羅蒂的反應相當有意思，而且令人感到困擾。他的回應是說，你沒辦法真正做什麼去證明納粹或像尼采這樣的反自由派是錯的。你就只能說，他們並不屬於我想繼續與之對話的對話者社群的一部分。

就像所有實用主義者，他對於哲學能成就什麼，有這種第二階的觀點。羅蒂想說的是，哲學的整個重點，他所理解的實用主義的整個重點，就是鼓勵我們毫不畏縮地支持我們信奉的事物，就算我們領悟到在哲學上沒有可以給予這些信念的合理辯護。他說所有對自由主義民主所做的哲學合理性辯護，都是循環論證；全都只是重申像我們這樣的自由民主派，對於自由或暴力的看法。在我們批評納粹的時候，其實只是對著就跟我們一樣的聽眾說話，對著那些自由民主派的同儕。他認為這麼說是個受到傳統哲學鼓勵的錯誤——如果我們不能提出一個就連希特勒都得被打動的論證，嗯，那麼，在某種程度上自由民主政體就衰弱無力或受到損害了。說到底，羅蒂必須說納粹主義跟西方自由民主政體是一樣的，沒有一方享有比另一方更有效的哲學合理性辯護。而且，沒錯，這是相對主義（relativism）。不過羅蒂說，沒有相對主義之外的選擇，所以指控某個觀點是相對主義式的，沒有什麼意思；一個人要能夠批評一個觀點是相對主義式的，就只有在這個人接受可能有個觀點不是相對主義式的，羅蒂則否認有這種事。他主張所有觀點都是相對主義式的；這些觀點之間唯一的差別是，某些人自覺到他們的相對主義，其他人則被迷惑了。

沃　這似乎是二十世紀哲學的一個主題。我們有像是A．J．艾耶爾（A. J. Ayer）這樣的邏輯實證論者說，道德判斷只是情緒的表達，完全是主觀性的。然後還有存在主義者，他們擁抱的觀念，跟你描述中羅蒂的想法不能說不像：人類價值中有種偶然性，但你必須支持你自己認可的價值。而我們也有後期實用主義者。三種哲學運動都推向那個方向。很有趣，但也令人困擾……

塔　說得非常對。如同你剛才形容的，羅蒂甚至還把艾耶爾更往前推進一步。羅蒂不是說道德判斷**只有**情緒表達，或者**僅僅是**情緒表達。他反對這些陳述中的「只有」還有「僅僅是」，因為根據他的看法，沒有其他選擇了。記得嗎？邏輯實證論者認為科學給我們客觀性的模型。他們主張，既然道德陳述無法塞進這種模型裡，道德陳述就是非客觀性的。羅蒂想說的是，艾耶爾在道德陳述方面認定的狀況，也適用於科學陳述。沒有可得的客觀性。照他的說法，那只是**團結**，跟像你一樣的人組成社群，然後對彼此說你們全部認可，作為一種感覺與其他人結成社群的方式。這就是全部。從羅蒂式的觀點來看，哲學能做的就只有這樣。

沃　到此我們已經走了很長的一段路，談論直到二十世紀末為止的關鍵實用主義思想家。然而，儘管這是一種實踐性的哲學，這裡確實看似少了什麼東西。實用主義缺乏哲學起始的那種敬畏與神奇之感，設法探究我們背後某個現實的那種觀念。

塔　我想你是對的，在所有實用主義觀點的哲學志業裡，有種少了什麼東西的感覺。我想那是故意的。實用主義者採取的是某種類似晚期維根斯坦的觀點：傳統哲學是某種功能失調的衝動，或者某件事情出錯的症狀。維根斯坦主張，我們需要治療才能克服某些特定種類的哲學性渴望，而從傳統上來說，哲學一直是設法追求那些病態抱負的方式。實用主義通常自視為一種試著把我們從這些抱負裡治癒的方法。

現在我們可以問了：誰才是對的？傳統哲學主張人類處境中有某種本質性的東西，要求我們問這些深刻的問題，這種主張是對的嗎？或者實用主義才是對的，最深刻的傳統哲學問題，困擾柏拉圖、亞里斯多德、聖阿奎那、笛卡兒以降直至康德的那些問題，在某種程度上是受到誤導的，讓我們走上錯誤的道路了？當然，這本身就是一個深刻的哲學問題。但你是對的，這就是實用主義者提供的東西：一種對傳統哲學關懷的拒絕。實用主義並不只是一種不懂這些深刻事物的哲學；對於我們應該追求傳統哲學抱負的思維，這是個明確的拒絕。

羅伯特．塔利斯（Robert Talisse）是范德比大學的哲學教授、政治科學教授，也是哲學系系主任。他的著作包括《民主與道德衝突》（*Democracy and Moral Conflict*）、《多元主義與自由主義政治》（*Pluralism and Liberal Politics*），以及《一種民主的實用主義哲學》（*A Pragmatist Philosophy of Democracy*）。

· 22 ·

聊聊維根斯坦

巴瑞·史密斯vs沃伯頓

大衛・愛德蒙茲引言

園丁、小學老師、建築師、工程師、戰時英雄、把大部分金錢都送出去的百萬富翁、醫院門房，而且可說是二十世紀最重要的哲學家，維根斯坦在一八八九年生於維也納，是個富有鋼鐵業鉅子的么兒。他在一九一一年搬到劍橋，在羅素門下學習，並且追求他對邏輯的興趣。羅素為《邏輯哲學論》（*Tractatus Logico-Philosophicus*）寫前言，這是維根斯坦生前唯一出版的哲學書籍，他在第一次世界大戰的戰壕裡完成。起初維根斯坦相信，《邏輯哲學論》解決了所有的哲學基礎問題。但是等他一九二九年回到劍橋的時候，就另有想法了。他傳奇性的個人魅力，他瘋狂的心靈能量，他誘人的散文風格，他深刻的原創性，全都有助於新一代的門徒吸收、採納並散播他的觀念。巴瑞・史密斯是維根斯坦專家，也是（倫敦大學）哲學研究所的所長。

奈傑爾・沃伯頓（沃） 我們今天要談的是維根斯坦對於哲學為何的觀點。他通常被形容為哲學家心目中的哲學家。

巴瑞．史密斯（史）　我想他是哲學家心目中的哲學家，是因為除了給我們哲學觀念、論題與立場，讓我們去探索之外，他實際上也對哲學的**活動**感興趣。哲學是幹什麼的？它的主要主題是什麼？不像科學，沒有自動劃分好的探究領域或一組事實，是我們可以研究的。所以在他做哲學的所有時候，他都很有自覺，而且他很好奇他能做到什麼。

沃　為了理解他怎麼樣得出他對哲學為何的晚期哲學觀點，我們需要先對他的哲學背景有一些細部了解。他剛開始是學工程學的，在第一次世界大戰以前到英格蘭來從學於羅素。他當時的哲學觀點是什麼？

史　作為一位工程師，他對抽象的問題感興趣。他熱中於航空工程學。但要做這門學問，你必須關注數學，而這就是他真正開始產生第一批哲學思想的地方。數學是做什麼的？是什麼讓數學上的陳述為真？我們不懷疑 2+2=4，但當我們達到這種無疑的真理時，主題是什麼？我們在世界上不會被數字絆到腳，我們不會把咖啡灑在數字上，然而我們似乎在談論某種絕對確定可靠的東西。數學與邏輯兩者的主題變成了一種核心關懷，而他發現在劍橋有個哲學家羅素，羅素對邏輯的本質有興趣，而且他讓這些問題有了進展。

・思想的結構與界線

沃 但他的興趣並不只是在數學哲學，他對於我們的思想如何連結到世界也有興趣。

史 我們所有的思維，如果是井然有序的，就是邏輯上正確的思維。但邏輯真理的真實性是**關於**什麼的？實際上是什麼東西，讓我們稍微掌握到某些事在邏輯上正確或錯誤的觀念？而再說回來，邏輯就像數學，看起來不像是在描述世界。然而如果邏輯描述的是世界之外的東西，某種更加神祕又超驗的東西，在我們的思維跟生活之中，邏輯是怎麼樣應用在我們身上？所以說真的，他的追尋是要找出一個方法，顯現邏輯**在**世界之中，而且實際上是我們思想的結構與界線。

沃 但是邏輯本質上是論證的結構，怎麼可能跟世界有任何關聯？

史 嗯，我們對世界有許多信念，而且希望這些信念為真，但我們並不是一定分辨得出真假，我們必須四處奔走、找出事實並且加以檢視，還要尋求證據等。但如果我們一開始就知道我們的信念有矛盾這個事實，我們同時相信某件事，又相信此事的反面，那麼我們就知道，這些信念不可能同時為真。所以，除非我們的思維至少有一致性，這個思維就沒有機會符合這個世界，我們也沒機會正確理解事物。

沃 所以，我不能相信我在倫敦又同時在劍橋。

史　正是如此。如果你設法相信**那件事**，我們會懷疑你到底有沒有這些信念裡的某一個。

沃　所以，邏輯對於我能思考的事物做出限制。而那大概就是引起維根斯坦興趣的事。他並不只是對數學本身有興趣，他想知道我們跟現實之間的關係。

史　我們想要描述現實。我們想要搞清楚現實可能是的所有方式，不只是它的現狀，而是它可以是什麼樣。對於事物可以是什麼狀態，邏輯似乎提供我們某些限制。今天本來**可以**在下雨；你本來**可以**在牛津而不是在倫敦；不過並不是你**可以**同時在牛津又不在牛津。所以，是什麼提供了這種對於現實可能情狀的邏輯界線或邏輯約束？

・語言可以描述所有可能的狀態

沃　他的答案有個面向，是後來所知的語言圖像論（the picture theory of language）。

史　對。如果你認為語言可以描述事物的狀態，它就可以描述情境。我們現在正坐在一個房間裡錄這個播客內容，不過如果我們去思考我們能用來描述世界的所有方式，而且可以把這件事做到窮盡，那麼我們可以透過重新安排句子的各部分變成新的句子，用這個語言去描述現狀以及可能出現的狀態，也就是其他版本的世界。如果你手上有些句子的功能是正確描述現實，維根斯坦認為從某種意義上說，它們是現實的圖像，就像是一幅現實的畫像，像是一幅油畫，不需要是關於真實的場景，這是關於一種**可能**的場景。

沃 在這個階段，他認為哲學的活動應該是什麼？

史 他想看哲學應該怎麼樣把語言的限制，描述成事物在現實中可能有的限制。哲學家的工作不是描述現實，或許那是科學家的工作。但我們應該說的反倒是：「語言就像這樣，能夠積極用來描述事情可能的狀態；而我們能夠思考什麼、或者描述現實可能是什麼樣的限制，就在這裡。」對維根斯坦來說，語言的限制就是現實的限制。

沃 所以，如果我們把這件事弄清楚了，維根斯坦設法要做的事情，有一部分就是把我們能談什麼、理解什麼，跟純粹胡扯分辨開來。

史 是的。不過對維根斯坦來說，有兩種胡扯。舉例來說，如果你把字用任何順序擺放，「人男的的這上」，這沒有任何意義。但對於聲稱描述現實，卻（他認為）沒做到這件事的陳述，維根斯坦也有興趣。儘管如此，這樣的陳述可能對我們顯示某些關於現實的重要事情。在你說一個命題不可能同時為真又為假的時候，你並不是在描述一個意指現實某部分圖像的事實，但這還是讓你看到，對於我們能怎麼描述現實、或者現實可能是什麼樣，是有某些限制與界線。所以對維根斯坦來說，某些無意義陳述實際上相當有啟發性。邏輯定律，即可理解性的限制，是不必言明就顯示出這些限制的方法。

沃 維根斯坦認為他解決了哲學的問題。他離開了劍橋；在第一次世界大戰期間，他跟奧地利軍隊待在壕溝裡；但他逐漸領悟到，有些事情他還是得搞清楚，然後在一九二九年再回到劍橋。然後他發展出一個新的語言概念架構。他沒有從世界的一個圖像這方面來思考語言，他提出的是意義即用途（meaning as use）的概念。

史　對，我想他回到哲學，是因為他雖然認為，他在《邏輯哲學論》裡解決了哲學問題，陳述了可理解的思想跟語言的限制為何，他卻領悟到哲學家還是嚮往某種形式的解釋，而他很納悶我們想要解釋的時候，想要的是什麼。我們企圖解釋的是什麼？他開始把我們在哲學中碰到的問題，診斷為在沒有解釋可給的時候還尋求解釋。他反而推薦一種避免解釋，回歸到只描述事情實際狀態如何的方法。所以，現在他的語言觀點是：「不要試圖解釋語言如果處於完美的秩序下，會怎麼運作。設法描述它實際上怎麼運作；只要看我們怎麼運用語言。」所以，考慮修正語言，讓它適合為描述科學或數學而工作的哲學家，想要修正我們的日常實踐。但如同維根斯坦指出的，對於日常實踐，我們沒有任何問題：使用語言如同我們的第二天性，我們用得很自在。如果我們要了解它實際上怎麼運作，相對於哲學家認為它應該怎麼運作，我們應該加以描述就好。但要做到這個，你必須非常小心注意，把事情做對。

沃　那讓他聽起來比較像個社會學家，在形容我們剛好是怎麼樣在使用語言。那不是哲學家的傳統圖像。

史　這種哲學是試圖說服你，你不需要解釋：你只需要描述，而且你需要很多的哲學，去說服其他哲學家接受這一點。不過就描述語言這方面來說，他想照著語言實際上的運用方式來描述它，看一般大眾怎麼讓它工作，然而他知道使用語言有所謂的正確與不正確。如果一個字要有任何意義，就必須有個確定的應用方式；我們不能隨自己高興，用一個字彙命名任何東西，然後認定那個字彙仍然有某種意義。我們用「紅」這個字來講紅色的東西，而如果我們不是選擇性地使用這個字，這個字就不會有那種意義。所以在此是什麼造就出用字正確與不正確之間的差別，他很有興趣。他認為，當我們正確使用一個字的時候，我們似乎遵循一種正確使用的規則。但現在他還剩下這個恐怖的哲學問題：解釋遵循規則、還有正確地遵循規則是什麼意思。

・語言去度假的時候

沃 在這個問題上，我們有走上另一條完全不同軌道的危險。我想把話頭拉回到哲學的角色上。他說哲學在語言去度假的時候開始。我納悶的是，你是否可能為我們註解一下這是什麼意思。

史 他認為在語言去度假的時候，哲學就有麻煩了。換句話說，當我們開始用一種哲學指定的方式來使用語言，而不是用正常的方式使用它，麻煩就來了。一般人對於他們的語言使用並不會感到困惑，他們使用這些字彙，他們聆聽這些聲音，而且他們立刻就把這些字彙聽成是有意義的。然而哲學家讓這種事看似變成一種令人困惑的活動。這些僅只是聲音、只是噪音的東西，怎麼能夠設法傳達某個關於我心靈內在內容的東西？語言怎麼能夠讓這些內容為你所用？你是另一個心靈，沒有能力仔細檢查我的思維。在此維根斯坦認為，只是因為人誤解了語言與思想之間的關係、還有語言及其他人的關係，才會產生這些哲學難題。在《邏輯哲學論》裡，他擔心著語言跟現實之間的關係。語言怎麼能夠捕捉現實？向我們顯示出現實限制的語言限制是什麼？在他的哲學生涯第二期，他感興趣的是語言跟我們之間的關係。似乎只有在我們已經處於一個語言之中，已經說出語言，並且用它來彼此溝通思想的時候，我們才變成能夠好奇、思考、討論、進行哲學思維的生物。而他想證明，語言不只是牽涉到跟其他人的關係——少了這個，你的話就不可能具備有意義的重要性——語言也把你繫在世界上。這裡沒有笛卡兒派哲學家想像到的那種困境：我們獨自坐在自己的圖書室裡，納悶地想著如果自己是唯一的思考者，那是否有任何別人存在。那張圖像有深刻的缺陷，因為實際上有材料可以開始思考、並問出那些問題，你就已經是用一種你們全部人聯合起來維持那個語言意義的方式，沉浸在使用字詞跟他人交換訊息的實踐之中了。

沃　所以那就是他所謂的「意義即用途」。那有一部分是一種反動，對象是一種從柏拉圖傳下來的哲學觀，在其中柏拉圖對話錄裡的那個蘇格拉底，挑戰他人去定義一些像「正義」這樣的關鍵概念，然後證明了，他問的那些人無法真正解釋這些概念。蘇格拉底設法要做的是，讓某人給出正義這種東西的必要與充分條件。但維根斯坦挑戰了這種概念，一個使用中的定義，會有任何一方面像是那種東西。

史 對，他確實是，而且他用了一個相當好又相當有名的例子。我們全都知道被當成遊戲的東西是什麼樣。我們彼此組隊玩遊戲，有時候是自己玩，而問題是，某樣東西要被稱為遊戲的條件是什麼？我們怎麼用「遊戲」這個詞，我們如何定義它？而維根斯坦指出，對於「遊戲」是什麼意思的應有定義，你想得出的任何一組條件，都會涵蓋不到我們樂於承認是遊戲的某些例子。所以，什麼是所有這些例子共有的東西，讓它們全都同樣被這個詞彙所涵蓋？而他的答案不是找出單獨一組必要與充分條件。在一種遊戲跟另一種遊戲的活動之間，會有的反而是一種家族相似性，就像一個家族的成員可能會彼此相似，跟家族的其他成員有或多或少的模糊相似性。我們不會全都擁有父親的鼻子，不過有某種方式讓我們透過家族成員的相似性被圈在一起。同樣地，我們稱為遊戲的種種活動夠相像了，彼此之間有足夠的重疊，能讓我們把這想成是一種家族相似性。

・語言可以看作是種有機建物

沃 所以，足球是有贏家跟輸家、隊伍跟一顆球的遊戲。棒球也是。這裡有很多相似性。

不過一個遊戲可能就只是一個人往牆上丟球然後接住，沒有輸贏。所以在我們稱為遊戲的事物之中，有很多不同的特徵。沒有單一的本質，沒有「遊戲」的本質，讓這所有事物都是遊戲。

史　對，沒錯。小孩子玩的唱歌遊戲「編玫瑰花環」是一種遊戲，但沒有輸贏，甚至沒有變得更會玩這回事。那似乎只是關於一次又一次重複某個特定活動。在此，一個遊戲沒有本質、也並不擁有某種單一的東西，這個觀念將會闡明一個更重大得多的教訓——在維根斯坦哲學裡，這是常有的事。因為他感興趣的教訓，是語言沒有本質的事實。在《邏輯哲學論》裡，他曾經把語言看成邏輯上完美有序的運作系統，做的是非常精確的工作。在此我們看到語言被派上好幾種不同用場，但沒有任何單獨一件事是它們共同擁有的，語言沒有基礎的本質。他也有個非常好的隱喻，談的是語言怎麼樣是一種有機實體。他談到置身於一個城市，從一座廣場開始，移動到不同的區域，開始認識其中一些地方，再從不同方向重新遇到這些地方。然後你領悟到這個城市的建築物不是全都來自同一時期，而是一再地蓋上新的建築風格；找到路進入這些不同時間與空間，是我們看到語言有機成長與發展成果的一種方式。

沃　也有個意象是不同的控制桿，乍看一模一樣，但你會發現它們牽動的是不同的繩子、不同的機制。這些意象是維根斯坦用不尋常方式做哲學的特徵。

史　這非常不尋常。他傾向於靠例子來工作，勝過任何其他東西。不過真正的哲學工作，是嘗試理解某個例子是在做什麼。他認為必須有人提醒我們語言如何運作，而不是我們相信語言怎麼運作。羅素、或許還有更早期的維根斯坦本人認為，語言真正的本質，在於字詞代表物體、命名關係、名字跟物體之間的關係，這是所有語言的基礎。但在我們看到一九五三年他死後出版的《哲學研究》（*Philosophical Investigations*）時，我們領悟到一個字詞超越了只是代表某物的更多用途，它也可以形容一項活動。他在《哲學研究》開頭想像一位建築家跟一位助理，建築家要求助理帶來更多原料，他說了「厚塊」。現在「厚塊」可以是他要的水泥塊的名稱，可以是要求把那個厚塊帶給他，也可以是指出厚塊一塊也不剩了，助理必須去拿的一種姿態。同樣這一個字，可以執行不同的功能。這是故事的一面。故事的另一面是，不再一直認為因為語言表面上看起來一樣，實際上就執行相同的功能。有時候我們用某些句子描述現實是什麼樣，可能描述了這房間裡的書籍數量，或者家具的安排。不過我們也有些句子看起來一樣在陳述事實，卻不是在實際上描述一種事態。

沃　你可以給我們一個例子嗎？

史　可以。在我們使用心理性述詞來描述我們的心智狀態時，像我頭痛、我身體痛、我納悶下次法國大選的時候薩科奇會不會選上——這些看起來像是陳述事實的句子，就像我們可能描述火車時刻表、天氣、家具擺設的方式。不過對維根斯坦來說，它們做的完全不是這種事。這些句子不是在描述一種事物狀態，好像那是一個我可以仔細檢查、然後加以評論的物體似的。這些句子其實在表達我的心理狀態。他認為，藉著說出這句話，我實際上是說出我的心意，而我是為了其他人把這個狀態置入公眾視野，而不是藉由自己觀察它來提出報告。

・哲學即治療

沃 這全都寫在《哲學研究》裡了。而在那本書裡，維根斯坦提出一個完全新穎的哲學觀點，在此哲學的重點是解消人透過誤用語言，把語言推展得太遠所產生的問題。所以哲學已經變成一種治療，他說是替蒼蠅指引出一條飛出捕蠅罐的路。

史 我想治療的觀念，應該是去幫助那些需要幫助的人，還有已經困在麻煩裡的人。而維根斯坦的觀念，哲學即治療，首先第一步是誘使人進入問題，好看出為什麼用我們哲學家的方式思考很誘人，接下來再設法向他們解釋，為什麼這些思路實際上造成了假問題。而如果他們適當理解這個情況，理解他們在做什麼，還有他們參與的活動，他們就不再覺得這些事情令人困惑了。不過你首先必須受到落入錯誤的誘惑，還要犯下這些錯誤。而他透過寫作，還有他的風格，這通常會牽涉到一位對他提出疑難、謎題與問題的想像對話者，來邀請我們落入這些錯誤，自己感覺受到這些問題掌握的滋味。因為只有在這時候，在你看出它們很誘人的時候，你才能驅除它們，才能做真正的哲學，讓自己離開那個處境。

沃 所以你有個例子是哲學家怎麼樣被文字所蠱惑嗎？

史　維根斯坦給過一個很好的例子，當時他在處理一個來自他的哲學學生兼文字遺產處理者伊莉莎白・安斯康（Elizabeth Anscombe）的問題。安斯康對維根斯坦說：「你可以看出為什麼人認為太陽繞著地球轉。」「真的？為什麼？」他說道。然後安斯康回答：「喔，看起來是那樣啊。」而維根斯坦評論道：「那如果地球繞著太陽轉，看起來會怎麼樣？」在此我們可以非常好地看出來，如果沒看到全貌，我們的思維可以誤導我們。透過影響觀看方式的轉變，而不是改變事實，這問題就消失了。

沃　我們身在二十一世紀。維根斯坦是個非常二十世紀的哲學家。他對於此後出現的哲學家有什麼影響？

史　許多哲學家一直認為維根斯坦創造出某些相當好的問題，某些非常陰魂不散的問題，我們現在仍舊受到這些問題的鍛鍊。而就算這可能是官方的維根斯坦道德教訓，應該把這些問題看成我們應該抗拒的事物，或者必須解消的東西，哲學家仍然繼續發現這些問題重要又麻煩，還是繼續研究它們。不過我想他的遺產之一，或許超過了哲學的範圍，是這個觀念：設法放棄解釋一切的需要。現在，我們確信科學會為這麼多的事情找到解釋，大腦的狀態、我們的情緒等。而維根斯坦非常詩意也非常適切地提醒我們，有時候解釋並不需要，或者沒有幫助。在他對於J・G・弗瑞澤（J. G. Frazer）的書《金枝》（*The Golden Bough*）做出的評論裡，他說：「對於在愛情中失落的人來說，什麼能幫上忙，一個解釋嗎？」這個問題顯然招來的答案是：「不，不是解釋。那不必要也沒幫助。」

巴瑞．史密斯（Barry C. Smith）是倫敦大學進階研究學院哲學研究所的所長。他是《品味問題——葡萄酒哲學》（*Questions of Taste—The Philosophy of Wine*）的編輯，也是《牛津語言哲學手冊》（*The Oxford Handbook of Philosophy of Language*）的共同編輯。

· 23 ·

聊聊法蘭克．拉姆齊的真理

修．梅洛 vs 沃伯頓

大衛．愛德蒙茲引言

誰是二十世紀最偉大的劍橋哲學家？維根斯坦？羅素？G．E．摩爾？劍橋榮譽退休教授修．梅洛，想要提名一位其實在學院以外無人知曉的人物：法蘭克．拉姆齊。拉姆齊是一位數學家的兒子，他自己也成了數學家，但他的驚人知性天賦也應用在許多領域：他幾乎沒花多少時間就學會德語，然後翻譯了維根斯坦的名作《邏輯哲學論》，當時他才十九歲。他在七年後正值才能顛峰時過世。他後來成為第一百任坎特伯利大主教的弟弟麥可說過，法蘭克對「幾乎所有事情都有興趣」。

奈傑爾．沃伯頓（沃） 我們要把重點放在法蘭克．拉姆齊論真理。你可以稍微說明一下拉姆齊是什麼樣的人嗎？

修．梅洛（梅） 法蘭克．拉姆齊生於一九〇三年，是劍橋一位數學教師的兒子。他在劍橋認識了相當多數學家、哲學家跟經濟學家。然後他在劍橋三一學院研究數學，然後在這門科目於一九二三年以第一名畢業，他是個很傑出的數學家。他在一年後贏得國王學院的研究獎學金，在一九二六年變成大學的數學講座教授。他一直任職到去世為止，就在一九三〇年他二十七歲生日之前。他在這麼短的人生裡做了這麼多其他事情，因此顯得更加了不起。

沃　他還做了什麼**其他事情**？

梅　他創立了一個數學分支，現在稱為「拉姆齊理論」。別要求我解釋這個，我不懂這一門。他創立了兩個經濟學分支。凱因斯要求他為《經濟學期刊》寫文章，一篇是儲蓄理論，研究一個國家應該儲存多少收入，另一篇則是一個關於最理想稅金的理論，也就是說，如果你需要在稅金裡提高某個定量的歲入，你應該怎麼做，同時還能把繳稅者的效用損失降到最低？然後他寫了一篇文章，是現代主觀決策理論的基礎。他做的這一切都在二十七歲之前，顯示出他在當時去世是多大的損失。

沃　為什麼他這麼早逝？

梅　他逐漸出現黃疸的症狀，卻被誤診為膽結石。事實上他有肝炎，肝炎加上膽結石手術讓他丟了性命。

・關於真理的多餘理論

沃　我們要專注於他談真理的作品上。整體來說，他對真理說了些什麼？

梅　雖然他是數學教授，他論真理的作品，在他的大部分談論哲學各種面向的作品中，是很重要的部分。在真理方面，他發展出一個後來很有名，或者可說是惡名昭彰的理論，就看你喜不喜歡，現在通常被稱為多餘理論（Redundancy Theory）。大多數談論真理的人認為，你需要一個談真理是什麼的理論，舉個例來說，這就好像你可能需要一個談星星是什麼的理論，才會知道你在講什麼。可是拉姆齊的觀點是，你不需要真理理論：他說，這個概念其實是多餘的。他給了一個例子：「如果你說『凱薩是被謀殺的為真』，這就只表示『凱薩是被謀殺的』。」這裡的真理概念是多餘的。

沃　這是否表示他沒有時間理會那些問「什麼是真理」的人？

梅　彼拉多的問題[16]真的不會讓他覺得很佩服。他認為更重要的是回答這個問題：相信一個真理而不是另一個，是怎麼回事？不同的真理之間有何差別？**各種**真理之間有什麼差別，比如說，在數學真理與科學真理之間的差別？

沃　他想要指認出所有不同品種的真理，所以從這個意義上來說，他是一種真理的動物學家。

梅　沒錯，對於真理為什麼重要，他也很有興趣。換句話說，如果你要有個關於某個事物

16 譯註：在聖經約翰福音第十八章第三十八節，彼拉多問過一句話：「真理是什麼？」

的信念，為什麼有真的信念是個好主意？

・普遍性的必然真理

沃 其中一個大家常常在談真理的領域就是數學。數學真理似乎是必然為真的。他對數學真理說了些什麼？

梅 他跟羅素同時在劍橋，那是在一九一〇年代，羅素跟懷海德合著關於數學基礎的名作《數學原理》（*Principia Mathematica*）之後。他們的數學觀點是，數學是由徹底普遍性的命題組成，並不是關於任何特定一件事物或一種事物，而是關於所有種類的事物。拉姆齊認為這樣不夠。就拿像是「任何兩樣東西都至少在三十種方面有所不同」這個命題為例，這是徹底普遍性的，而且他說這很有可能為真。但就算這是真的，這也不是數學，因為它**可能**是假的。所以他設法堵住這個漏洞，方法是從維根斯坦的《邏輯哲學論》裡拿出這個觀念：一個必然真理，或者一個邏輯真理，是不可能為假的。舉例來說，像是「現在在下雨或者沒下」這樣的命題，不管天氣如何都會是真的。然而「要不是在下雨就是沒下」不是一項**數學**真理，因為這不是普遍性的，它太過特定了。

所以，拉姆齊的觀點是，你把兩件事放在一起；所以數學真理是有徹底普遍性，但也是邏輯性的真理，也就是同義反覆性的（tautological），它們不可能為假。這就是拉姆齊修正《數學原理》中一項缺陷的方法。

沃　所以你說的是，對拉姆齊來說，2+3=5 不是關於兩顆蘋果加三顆蘋果得到五顆蘋果。它是在一個非常普遍性的層面上運作的。不過這也是同義反覆的，就等於說 A=A。

梅　對，沒錯，它不可能為假。而有徹底普遍性，又是必然為真這兩項特徵的結合，讓它成為數學真理。

沃　很顯然，不是所有真理都是數學真理。拉姆齊對於偶然真理（contingent truth），本來有可能是其他狀態的真理有什麼看法？

梅　他說，**可能**為假的信念之所以重要，是因為你想要你有的那些信念為真；而他的問題是：「為什麼？」他說，回答這個問題會告訴你，是什麼把一項真理跟另一項真理區別開來。

沃　你可以舉個例嗎？

梅　假設我想去附近的店鋪買些牛奶。當然，我不會去，直到而且除非我相信那家店開門為止。這是信念的功能：一家店開張賣牛奶的信念，結合了我想買到些牛奶的欲望，會讓我去那家店鋪。不過除非這家店開門了，而且賣牛奶這些信念是真的，否則我得不到我要得到的東西，也就是牛奶。所以對拉姆齊來說，有真信念的好處在於：如果你可以在信念為真的時候，依據這些信念行動，你會得到你想得到的東西，而如果你在這些信念為假的時候據此行動，你不會得到你要的東西。

沃 不過這肯定不是真的吧，對嗎？因為你可以照著虛假的信念行動，然後靠著一點運氣得到你要的。

梅 你從來不是只根據一個信念而行動的，你是根據眾多信念的結合而行動，而如果這些信念全部為真，你**會**得到你想要的。如果其中兩個是假的，那麼實際上它們可能會抵消。但拉姆齊說，真理是信念的性質，這**確保**了如果你照著全都有那種性質的信念行動，你就會得到你想要的。

沃 所以你只有在確定你相信的事物為真的時候，才能確定得到你想要的東西。

梅 對。

・信念為真因此行動成功

沃 現在，這一點如何等同於對過往理論的改進？

梅 拉姆齊把這個觀念建立到一個此後被稱為「成功語義學」（Success Semantics）的理論中，這個理論說，你行動成功的條件，比如那家店鋪是開的，店裡有牛奶等，就是你照著行動的那個信念為真的條件。如果你問一個偶然信念，像是我們先前談過的那種，跟什麼**有關**，也就是說，它的**內容**是什麼，那麼標準答案是：它的內容就是它的真值條件，也就是說，在什麼條件下它會是真的。

這讓拉姆齊的理論成為一種語義學的基礎，這種語義學中，一個信念的真值條件——它是有關於什麼，它要為真必須如何——是取決於它在什麼條件下，會讓你執行的那種行動成功。講到「信念導致的行為的**成功**條件，就是在什麼條件下那些信念為真」就是這個意思。信念如何讓你採取行動，還有什麼時候那個行為會成功讓你得到你想要的——這個理論就是從這方面來告訴你，信念是什麼。

沃　你講的從店鋪裡得到牛奶的例子，似乎相當直截了當。如果我要牛奶，我就去店鋪裡買——相信店鋪開著，相信裡面賣牛奶等。但我們有這麼多行動，連我們自己都不完全清楚自己的信念是什麼。是否可從中推得，拉姆齊是說別人可能比我們更清楚我們的信念是什麼？

梅　他們很可能如此。在這個理論中，沒有一處說你必須意識到你行動依據的信念；事實上，你常常都不知道。舉例來說，在我打算過馬路的時候，我習慣往可能有來車的右邊看。我想都沒想就這樣做了；但讓我這麼做的是這裡的來車靠左邊的信念，所以你需要看右邊才能避免被輾過去。如果這個信念為假，舉例來說，我沒發現我人在法國，往看右邊而不是左邊很可能有致命後果。

・貓狗也有信念

沃　但通常我們用到「內容」（一個信念的「內容」）這個詞彙時，我們在想的是某種語言學性質的東西：我們顯然是使用句子來溝通。但這聽起來好像在說，對拉姆齊而言，一個信念不必是有意識的，或許甚至不必是你自己可以講成一句話的那種東西。

梅　確實不用。對我來說，拉姆齊觀點的好處之一，是他解釋了動物怎麼樣能夠有信念；在貓學到怎麼認出有條狗逼近時，牠們會相信那是一條狗，然後採取適當的行動；如果牠們誤信那不是一條狗，牠們可能惹上嚴重的麻煩。所以，這裡並沒有假定為了相信某件事，你必須能夠訴諸言語。而就算像我們，你**可以**用英語句子說出你相信什麼，那些信念的內容並不是靠那些句子的意義得來：事實正好相反。隨著拉姆齊觀點而來的意義理論是，我們用句子來**溝通**信念，而信念的內容，則是由它們如何讓我們能夠採取將會得己所欲的行動而定。換句話說，這是個「信念先行」的語句意義理論。

更受歡迎的敵對理論，是「語言先行」理論，在我看來夠奇怪的了。這個理論說，除非你有個語言，否則你不可能有信念，這在我看來很荒謬，而信念是關於什麼（信念的內容），是由表達內容的語句本身單獨確立的意義而定。基於某種我不清楚的理由，這個歷史上溯到弗雷格的觀點，是語言哲學與心靈哲學中的主流觀點。

沃 拉姆齊是無神論者；他弟弟後來則成了坎特伯利大主教。他們兩個人都有關於神的信念，那是不同的信念，要怎麼從我們剛才談到的方向來闡明？

梅 作為一個無神論者同儕，我相當後悔的一件事情是，舉例來說，如果相信有來世的人是錯的，他們永遠不會知道。如果我是錯的，我可能會知道。這有點令人困擾。不過我所說的成功語義學理論，並沒有說你必須**知道**你的行動是否是成功的，而有時候你並不成功。例如說，你寫了個遺囑，因為你想留特定的東西給特定的人，而你相信如果你立下這份遺囑，他們就會得到這些東西。如果你這個信念為真的話，他們會的。如果你的信念為假，他們得不到那些東西，你立遺囑的行動就失敗了。但會怎麼樣，你不會知道。所以在這種狀況下，你對於遺囑效力的信念為真，就會讓你的行動成功，就算你沒有當場看到它成功。關於來世的信念也是一樣。

沃 從你解釋拉姆齊觀念時顯示的熱情，很顯然你認為他在許多主題上都是對的。從哲學家這方面來說，你會把他排在什麼位置？

梅 我想拉姆齊是哲學天才之一。如果你想要一個音樂上的類比，就是莫札特，除了莫札特是活到三十六歲的「成熟老年」。拉姆齊死時還比莫札特少了十歲，已經建立了一個數學分支、兩個經濟學分支、主觀決策理論（經濟學家也廣泛運用）、一個新的真理理論、一個語義學理論，還有好幾個其他的理論，我甚至還沒提到。大多數哲學家盡其所能，在三倍長的人生裡也做不到他的一半。

修・梅洛（Hugh Mellor）是劍橋大學退休哲學教授。他的著作包括《機率之事》（*The Matter of Chance*）、《形上學諸論》（*Matters of Metaphysics*）、《關於因果的事實》（*The Facts of Causation*）、《續真實時間》（*Real Time II*）、《機率：一種哲學入門》（*Probability: A Philosophical Introduction*），以及《心靈、意義與現實》（*Mind, Meaning and Reality*）。

· 24 ·

聊聊沙特的存在主義

瑪麗·華諾克vs沃伯頓

大衛．愛德蒙茲引言

二十世紀的法國小說家兼哲學家沙特，是存在主義的創立者之一。他拒絕神還有諾貝爾文學獎；他反對越戰跟法國干涉阿爾及利亞；他擁抱馬克思主義觀念，但後來改變了心意。或許他最長期的承諾給了他的長期伴侶西蒙．波娃，他們的關係通常被形容是「非傳統式的」。瑪麗．華諾克是在上議院中有席次的哲學家，她也是一本沙特專著的作者。

奈傑爾．沃伯頓（沃） 我們聚焦的主題是沙特的存在主義。顯然，沙特是二十世紀最廣為人知的哲學家之一，不只是因為他的小說跟劇本，還因為他也是典型的「存在主義者」。妳對存在主義一詞的理解是什麼？

瑪麗．華諾克（華） 我想到的存在主義，如你所說，創建者之一是沙特，這種思想主要是德國現象學的一個次要分支，沙特曾經在一九三九年到德國去研究這門學問。沙特並不是個有原創性的思想家，但就像我們的柯立芝[17]，他順手拾起別人的觀念，有時候還加以誤解，卻有著在正確時機使用這些觀念的天才——就在這些觀念將會抓住並增強時代精神的時刻。所以，現在就我看來存在主義既是哲學運動，也同樣是社會學運動；說真的，在哲學上它差不多被遺忘了。

在羞辱與勇氣的獨特混合凸顯出戰時的法國之後，巴黎需要一種哲學，會給個人一種信念，相信自己，也相信自己有力量看透騙子、做出自己的決定。而這有很大一部分是沙特給予他們的，放在那種本質上屬於德國式的絢麗形上學包裝之下，這對法國人來說極其珍貴。

．你的決定造就人生

沃　沙特把存在主義形容成這個觀念：對人類來說，存在先於本質。

華　不管那是什麼意思！你需要拆解開他那麼說是什麼意思。我想他的意思是，沒有既定的人性，我們全都透過自己做的決定，造就自己的人生。那對他來講是非常重要的想法，因為他論證說，一切都是選擇的問題，而如果你說你注定要做這件事、或者必須做那件事，不管你

17　譯註：Samuel Taylor Coleridge（1772-1834），英國詩人，中年之後開始研究哲學。

的意思是有道德義務去做，或者是童年影響決定了你的作為，不論是什麼意思，你都錯了——因為實際上你**可以**做別的。

沃 他用了這個著名的例子，在戰時一位學生帶著一個兩難問題來見他：他應該跟他母親待在家裡，還是應該加入自由法國運動，對抗納粹？

華 對，那是個了不起的鮮明例子，說明了這個學生有個真正的選擇要做，沒有別人可以替他下決定。在沙特終於跨越英倫海峽之後，帶來了一件偉大事物，對英國哲學來說肯定如此，那就是他絕佳的真實例子。沙特是個徹底的說故事專家與戲劇家，而他的故事嵌在哲學脈絡之中，擔任理論證明的功能。這是英國道德哲學家非常不擅長做的事情，順便一提，德國人也不行。在英國，有個不知名卻有影響力的哲學家，普里查（H. A. Prichard），在談道德理論的時候，用了荒謬、瑣碎又極端不實際的例子，而那是個傳統。沙特就像是一陣清新的微風。在他的大作《存在與虛無》（*Being and Nothingness*）中，有個故事可以展示他說的「錯誤信念」（bad faith）是什麼意思；在故事中，一位侍者假裝他**必須**在早上五點起床，他**必須**服務他的顧客；他創造出一個情境，在其中如果他要恰當地扮演侍者的角色，就必須滿足這些義務。不過這是個角色，一個他在扮演，甚至演過頭的角色。而他一旦創造出這些義務與責任，就像沙特說的，這些東西像鸚鵡似地從他腳邊蹦出來。到處都有他的義務。讀這個故事時，你突然間認出有很多人都在這方面有錯誤信念：這些人不願讓自己的思維超越事實——他們必須早起趕八點半火車、或者任何其他事情，而他們的生活就被這些虛假的必要性，跟他們決定要扮演的角色所主宰。

・錯誤信念與人格角色面具

沃 錯誤信念這種概念，在《存在與虛無》中對沙特而言顯然是核心。妳可以多說一點這是什麼嗎？

華 錯誤信念就是對你自己假裝某件事，如果你去想個五分鐘，你就會領悟到這不是真的。這是扮演、或者過度扮演一個角色。那位侍者，他假裝他真的受到義務束縛，他是在扮演一個有良心的侍者，而且把那個角色演過頭了。在我讀到這個的時候，我突然間認出各種我認識的人，他們在我看來是在扮演一位牛津哲學家，或者在扮演一個有五個小孩、盡心盡力的媽媽。妳戴上這個人格面具，妳追求它，而妳實際上是個女演員。我發現這非常引人入勝。

沃 所以有錯誤信念實際上錯在哪裡？我們對自己裝蒜，但也許那是社會互動的一項條件，我們必須用這種故事告訴自己。

華 這是真的，我們必須告訴自己一些故事，確實我們也必須有個關於自身生活的敘事。但只有在錯誤信念推得太遠，到達你可能懷疑自己，甚至懷疑別人（懷疑別人比較常見），並不真誠、沒有真正的自我、就是很空虛，扮演著一個換過一個的角色時，才可能會引起反對。所以把這一切都炸翻，讓別人跟你說你可以做你喜歡的任何事情，是很美妙的。

・道德相對主義

沃　但在沙特說我們完全自由，也就是我們有自由選擇我們想要的任何事的時候，他當然錯了。我們身上有些影響力是壓倒性的。

華　喔，我想他在兩方面是錯的。首先，他錯在把來自個人童年或過去的所有影響都打了折扣，而且同樣也把一個人的基因組成影響打了折扣。但他更重要的錯誤是說沒有實際道德對錯這種事，只有思考才讓事情有了道德對錯。道德哲學上的相對主義帶來非常有害的影響，而且實際上它本身就是道德上錯誤的。

沃　這很有趣，因為在一九四五年的一個公共演講，後來結集成一本小書的〈存在主義與人道主義〉（Existentialism and Humanism）之中，他確實說過，當你為自己做選擇的時候，你是在為每個人做選擇，他的哲學有那種可普遍化的面向。沙特說的是，在我做出一個選擇的時候，就說我是選擇要結婚吧，那不只是一個有個人特性的個人事件：我是在說，在我這個時代的人類應該結婚，而且也許要有某些特定類型的家庭關係。我必須選擇最好的選項，要不然我就是在某方面不真誠。所以我採取行動，就像是每個人都用同樣的方式行動似的。

華　當然，一個人必須在選擇之間做區分。如果你選擇拿水煮蛋而非炒蛋當午餐，那並沒有對於人類整體的普遍蘊含。但如果你做了一個道德選擇，你要在這個情況下遵守承諾，儘管這會對你自己造成阻礙，那麼你是為人類整體做選擇。這是他在那篇論文、那個演講裡說的話，但他在此之前或在此之後，都從沒這麼說過。想來他是企圖捍衛他的道德理論對抗大規模的批評，這些批評說他的學說對道德有毀滅性，而且本質上是自我沉溺的。他相當有能耐從康德那裡偷個觀念過來，用在他自己的目的上，然後又拋棄它。所以，這個說法可能是出自某種壓力，要讓他的道德觀點不要那麼相對主義、自我中心——就像他當時傾向的觀點。不過當然了，後來在他人生中的第二期，他掙扎著要調和馬克思主義跟存在主義的時候，他又必須為整體人類做選擇，而他在哲學生涯中期完全改弦易轍。所以他的第二本巨著《辯證理性批判》（*Critique of Dialectical Reason*, 1960），真的跟他原來的存在主義時期沒什麼關係。

・海德格的影響

沃　我發現沙特的後期作品無可理解。他的一大堆後期作品是在使用安非他命的時候寫的，安非他命似乎對他的寫作有相當壞的影響。而或許他是到達了某個階段，他不再像身為年輕哲學家時可能做過的那樣編輯作品了。妳對於他後來寫作的風格有什麼想法嗎？

華　那很嚇人，徹底恐怖極了。我不喜歡《存在與虛無》的風格，雖然我很享受講故事的部分，而且我也很享受此書宏大的形上學架構，這本書就是在這架構周圍建立起來的。但我第一次讀的時候，嚇壞我了。然而這根本比不上《辯證理性批判》寫成的那種無可理解又確實粗劣的風格。但我不認為那是沒有適當編輯造成的結果。我想沙特本人有錯誤信念。他在扮演一位法國知識份子的角色，具體來說是個偉大的哲學家，擁有會改變世界的浩大歷史理論，而在他腦袋一片渾沌的狀態下，他幾乎不知道現實與假裝之間的差別了。然而我們必須記得，在一九六〇年《辯證理性批判》出版的時候，我們還沒有得益於更加無法理解，而且故意要讓人無法理解的法國哲學家，像是德希達，他真的是讓人讀不下去，而且他是刻意如此。

沃　刻意如此？為什麼他們會想要讓人無法理解呢？

華　因為他們想要很深奧。他們過度受到德國哲學家海德格的影響，海德格認為哲學必須有一整套特別的語彙，還要有一種沒人有可能理解的辦事方法。從黑格爾以降，哲學的一個分支就確實樂於晦澀難解，而我認為那對於哲學該做什麼來說，是個徹底錯誤的觀點。

沃　再回到沙特，妳會說他的持久遺緒是什麼？妳剛開始的時候說他或多或少被遺忘了。

華　他已經被遺忘，而且這樣可能是對的。但從歷史上來看，他的作為打開我們的眼界，讓我們看到這個事實：道德哲學可以是個令人興奮、又徹底關係重大的主題，牽涉到的不只是知性問題，也有情緒問題。我最仰慕他的地方，是他曾經擁抱胡賽爾的哲學，而這位德國現象學家認為你不可能把知性跟情緒分離，而且他比維根斯坦更早瓦解內在與外界的區別。在你腦袋裡發生的事，無法完全跟外在世界發生的事分離。沙特在非常年輕的時候去了德國，看到現象學家發生了什麼事，然後他把胡賽爾介紹到法國，寫了一本興奮過度的美妙文章說，現在我們終於從笛卡兒跟笛卡兒的二元論裡解放了，而他看到這一點，了解這一點，也在情緒上接納了現象學家踏出去、維根斯坦後來又加以探索的這一大步。

瑪麗．華諾克（Mary Warnock）是英國上議院中立議員，也是哲學家與記者。她的著作包括《沙特的哲學》（*The Philosophy of Jean-Paul Sartre*）、《聰明人的倫理學指南》（*An Intelligent Person's Guide to Ethics*）、《對神不誠實》（*Dishonest to God*）。

· 25 ·

聊聊海耶克與自由主義

強德朗・庫卡瑟斯 vs 沃伯頓

大衛・愛德蒙茲引言

「這個，」柴契爾夫人在變成英國保守黨領袖之後說過：「就是我們所相信的。」然後她把一本書砰一聲放到桌上。那本書是海耶克寫的《自由憲章》（*The Constitution of Liberty*）。海耶克是榮獲諾貝爾獎的經濟學家與政治理論家，出生在一個維也納的貴族家庭裡，但在拿到博士學位以後離開奧地利，在倫敦、芝加哥與佛雷堡教書。他最出名的可能是著作《到奴役之路》，此書在第二次世界大戰期間寫成，這是在自由主義面對可能的絕滅時提出的熱情辯護。有一陣子，海耶克曾經以倫敦政經學院為基地，而這裡現在是強德朗・庫卡瑟斯教授學術上的家園。

・自由主義或保守主義定位

奈傑爾・沃伯頓（沃） 我們要聚焦的主題是海耶克與自由主義。許多人根本不把海耶克看成一個自由派，他被看成是典型的保守主義思想家。你可以解釋他跟自由主義有什麼關係嗎？

強德朗．庫卡瑟斯（庫） 海耶克的知識生涯從身為一位經濟學家開始，但在生涯晚期，他把注意力轉向政治哲學。在他這麼做的時候，他著手辯護一種自由主義的哲學——這是他自己的說法。他認為當時最急需的，是反對他眼中極權主義在納粹德國與史達林俄國政權下的惡性發展，他認為這些觀念將會在西方民主政體裡扎根。解毒劑就是提供一種自由主義哲學的重申宣言，一種再聲明。這基本上就是他接下來四十年左右的研究綱領。

沃 所以，為什麼大家把他看成一位保守主義者？

庫 這很複雜，因為「自由派」這個詞在大西洋兩岸有不同的共鳴。從歐洲觀點來看，在美國的自由主義指的是某種稍稍接近社會主義的東西。在歐洲與英國這一邊，自由主義是你會拿來跟社會主義做對比的東西。所以在海耶克寫到自由主義的時候，他的目標其實是社會主義；然而在美國，在大家寫到自由主義的時候，他們的敵人是保守主義。不過海耶克自己體認到這個詞彙本身的難處，而且除了提供自由主義的辯護以外，他也設法相當明確地點出這個事實，他否定保守主義。《自由憲章》著名的書後跋，標題就是〈為何我不是個保守主義者〉。

沃 他的自由主義核心，是對於政府權力的疑心。

庫 這是故事的一小部分，卻不是全部的故事，因為海耶克並不盡然像大家想的那樣對政府充滿敵意，你如果去看了他的某些最早期哲學與政治學作品，尤其如此。他有心去做的事，與其說是批評政府，還不如說是解釋政府的適當角色為何。說實話，他給政府的角色相當廣泛，這是他招來放任自由主義者批評的理由之一。

不過在一篇早期論文裡，他論證說二十世紀自由派人士的問題之一，就是他們太不加批判地接納「放任」（*laissez-faire*）這個詞彙，就好像光是「放任」就可以解決所有問題。所以，他把他的任務看成是設法表達清楚哪些事情最好由政府來做，還有哪些事情政府應該放手不管。

沃　那麼我們就從那裡開始。什麼是政府應該在其中運作的領域？

庫　首先，我會在早期與晚期海耶克之間做個區隔。一九三〇與四〇年代，一直到一九六〇年代寫下《自由憲章》為止的海耶克，給政府的角色比晚期海耶克來得更廣泛得多。不過隨著時間推移，他變得越來越懷疑他分配給政府去做的某些事。所以舉例來說，在早期階段，他會把政府的角色看成是設法提供穩定的法律制度、穩定的金錢體制，注意各種公共財的供應，關注環境。他認為政府在某種教育供應方面，要扮演某種角色。但隨後他變得更懷疑讓出太多範圍給政府立法機制的做法。舉例來說，他變得擔憂立法程序本身受到特定利益影響過多，因此沒有真正反映政府為所有人而行動的關懷。

他也變得很關心政府是否能夠提供健全穩定的貨幣。舉例來說，在生涯晚期，他因此提出一些相當激進的建議，要讓金錢非國有化。整體來說，他的思想發展到一個比較放任自由主義，幾乎是無政府主義的方向。但他總是保有一個特定的觀點：還是有些事情需要政府來做。

・市場是種協調機制

沃 不過在市場的領域裡，他肯定相信在某些方向可能會浮現自發的秩序，實際上產生的效果優於有個政府監督市場。

庫 對，他認為市場會滿足人類面對的極多問題。他把市場看成是協調的機制。市場的美德，在於它們容許個人透過運用自身獨立知識，來協調他們的不同意圖、達成目的、還有產出沒有計畫者可以令人滿意地產出的商品。不過他也認為市場若要能奏效，需要特定種類的制度結構。雖然這些制度中有一些會自發地出現，還是有必要努力思考這些制度會怎麼運作、你需要的是哪些種類的制度。所以，他反對的是你可以透過某種方式計畫結果這個觀念。

在當時，代表社會主義做出的主張真的範圍相當廣泛。所以海耶克當時關注的是設法說明：「喔，我不認為你可以達成這一點，我不認為這實際上有可能。但如果你嘗試了，人類也會付出巨大的代價。」

・你無法計畫人互動的結果

沃 你可以概述他對大規模社會計畫的主要批評是什麼嗎？

庫 喔，在此海耶克是把觀點建築在奧地利經濟學家，路德維希・馮・米塞斯（Ludwig von Mises）的某些重要洞見上，米塞斯在一九二〇年出版過一本非常重要的書，叫做《社會主義》（*Socialism*）。米塞斯設法證明，在社會主義經濟之下，經濟計畫是不可能的，因為在缺乏市場價格的狀況下，沒有信號可以精確告訴生產者他們需要生產多少：沒有回饋機制通知大家，被需要或需求的是什麼。

海耶克讓這個說法再更進一步。他設法證明的是，這種知識問題的本質甚至還更加實質。問題是對於外頭有的是哪種知識，你甚至不可能有任何一丁點概念。許多社會主義者曾經設法論證說，科技會解決計畫問題；越來越強大的電腦，會讓我們可以填進我們所具備關於人類偏好、需求、生產資源等的資訊，然後以某種方式想出在社會中分配資源的最佳方式為何。

海耶克設法證明的是，這種知識不但分散得太徹底，很難收集並且輸入一台電腦，還不是單純地獨立於種種建制而存在。知識是某種時時刻刻被產生又消失的東西。有很多知識屬於很短暫或瞬息即逝的類型：你可能是個卡車車主，突然間你發現，你本來計畫替某人運送的商品，他卻沒準備好，你只有一輛空空的卡車。現在，你可能在Craigslist[18]上貼個告示說：「往伯明罕的空卡車，願意接受任何生意。」這個知識在大概兩小時內就會消失。你不可能收集這個知

18 譯註：一九九五年成立的網上大型免費分類廣告網站。

識，這樣是不可能的。嗯，市場就是這麼運作的，海耶克這麼想。事情是大家一直自發地設法協調他們的活動，而海耶克認為，這就是市場最有動力之處。計畫這種東西會悶死這項元素，對每個人都不利。他認為你可以做的事情是，計畫擁有好的制度，但人類互動的結果是你不能控制的。

・放任式自由和平等、正義互相衝突嗎？

沃　所以一個好的制度能實現什麼？它能實現自由，特別是放任式的自由嗎？就像你從一位自由派思想家那裡可以期待的？它實現平等、正義嗎？我們尋求達到的好結果是什麼？

庫　簡短的答案是，那不是任何單一項目。如果有好的政府，那麼你的社會當中，會有自由、有正義的實施，而且也有人類意圖的協調，讓你有兼顧繁榮發展與平等的手段。平等對海耶克來說極端重要，雖然在他的例子裡沒談這麼多經濟平等的後果，而是平等先於法律，他把這個看成是自由主義最重要的成就。

海耶克跟大多數自由主義者警惕的事情之一是，有某些單一理想，或者甚至是某些自成一組的理想，是一個自由派社會或市場社會應該要實現的。問題在於既然我們有這麼多不同的意圖，有種種不同的價值，如何協調我們的行動。

沃　他指派給法律的角色是什麼？

庫　法律是要緩和人類之間的關係。法律在這裡，是因為在我們彼此的關係之中，可能會產生衝突——既然我們都有不同目的、不同意圖跟不同的欲望。既然如此，問題在於我們怎麼找出一條好好相處的辦法？法律是讓這件事情能夠發生的一個機制，就像市場是能調和我們的經濟意圖的一個機制。

沃　海耶克會怎麼談到市場實際上可能實現嚴重不平等後果的事實？

庫　整體來說，他並不真正關心分配結果。事實上，他認為嘗試操控出特定種類的結果，是很危險的。但他很關心市場的結果可能意味著某些人陷入赤貧。儘管他對社會主義與福利國家提出批評，整體來說，他確實為像是最低限度福利這樣的機制辯護，來確保人民不會落到某個標準以下，確保如果市場沒有供應某些人，這些人不會因此難以度日。

沃　那麼把海耶克視為保守派思想家，這樣公平嗎？英國前首相柴契爾夫人與美國前總統雷根同盟者的常見簡介，有點誤導性？

庫　沒錯。這兩位領袖本身對於海耶克的思想相當感興趣也有同感。但對照一下事實，他們向他靠攏，是因為他們已經對這些觀念有同感，海耶克實際上對他們影響有多大又是另一回事了。當然，政治家總是挑選符合他們個人目標的觀念。這兩位政治人物都有他們自己規畫中要做的事情，而在符合他們目標的時候，會向海耶克取經。海耶克相當樂於接受這一點。不過也有些議題他們就是不會同意，比如柴契爾比海耶克更保守得多。

沃　照你剛才的講法，我會很難相信你不同情海耶克。你是海耶克主義者嗎？

庫　我對海耶克的觀念非常有同感，但我總是回想到第一次聆聽海耶克本人說話的時候。我是牛津的學生，當時組織了一場晚宴，海耶克是榮譽貴賓——那是在一家中國小餐館裡。在那天晚上快結束的時候，有人站起來對海耶克教授舉杯祝酒，當然他得做出反應。他相當疲憊地起身，我想到那時他已經受夠了這種場合了，他都八十好幾了。他只說了一件簡單的事，他說非常感謝你們，他很感激。他想說的唯一一件事就是，他希望世界上永遠不會有個海耶克主義者，因為他認為追隨者永遠都是個爛主意，而且追隨者永遠比他們追隨的那個人差。馬克思主義者遠比馬克思來得差；凱因斯派比凱因斯差得多；所以他真心希望不會有任何海耶克主義者。所以我謹記在心，要說自己是海耶克主義者，我會很猶豫，但他的思維對我影響一直非常重大。

強德朗．庫卡瑟斯（Chandran Kukathas）在倫敦政經學院政府系擔任政治理論教授。他的著作包括《自由主義群島：一種多樣性與自由理論》（*The Liberal Archipelago: A Theory of Diversity and Freedom*）以及《羅爾斯：正義論及其批評》（*Rawls: A Theory of Justice and Its Critics*，與菲利浦．佩迪特〔Philip Pettit〕合著）。

· 26 ·

聊聊羅爾斯的正義

強納森·伍爾夫vs沃伯頓

大衛・愛德蒙茲引言

許多當代政治哲學家很驕傲地自稱是「羅爾斯派」，是約翰・羅爾斯的門徒。在學術界人士之中，有個異常高度的共識是，上個世紀後半產出最重要的政治哲學作品，就是羅爾斯在一九七一年出版的《正義論》（*A Theory of Justice*）。這本書的影響力遠超過大學校園。在社會中最重要的事情是弱勢者的立場，這個書中的激進主張已經滲入政治家與政策規畫者心中。強納森・伍爾夫是倫敦大學學院的哲學教授。

奈傑爾・沃伯頓（沃） 我們要把重點放在羅爾斯的《正義論》，這可能是二十世紀最有名的政治哲學著作。你可以稍微告訴我關於羅爾斯，還有他是何許人的事嗎？

強納森・伍爾夫（伍） 羅爾斯是一位美國哲學家，從一九五〇年代開始工作到世紀末，所以他有很長的研究生涯。他大半生都專注於政治哲學。他在一九五〇年代晚期開始寫作政治哲學論文，從未中止。而且在某種意義上來說，現在也還沒停，因為就算他死後十年左右，還有更多他的作品被發掘出來。

他大半生都以哈佛為基地，而且就如你所說，他的主要作品是一九七一年出版的《正義論》。那是他在一九五〇年代開始的研究工作的延續，在他結束正義論的工作以後，他繼續發展理論、看出新的問題、尋找解答與新的應用等。那是他一生的工作。

．正義的兩個原則

沃　這本書的關鍵觀念是什麼？

伍　羅爾斯提出起初看似非常簡單的正義理論，他稱之為「正義的兩個原則」。事實上有三個，所以他為什麼稱為「兩個原則」，還滿神祕的。羅爾斯的第一個原則稱為「自由原則」（Liberty Principle），說的是每個人都有權得到一組平等而且廣泛的基本自由權。每個人都有權得到在高度發展的自由社會裡通常會有的這種公民權利跟自由權。第二條原則就更有趣一些了，會分裂成兩個：其中一個通稱為「差異原則」（Difference Principle），另一個則稱為「公平機會原則」（Fair Opportunity Principle）。

「公平機會原則」看似相當平淡，這條原則說，每個人都有權得到公平的機會平等，但羅爾斯詮釋這條原則的方式，比那些政治右派會做的更激進。但是「差異原則」才是事情變得真正有趣的地方。「差異原則」關注的是社會中的收入與財富分配。現在羅爾斯的觀點是，在某個意義上公平需要平等分配收入與財富，但他說，有可能社會中的不平等對每個人都有好處。舉例來說，較高薪資會流向極具生產力者的競爭經濟可以創造誘因，這樣可以讓每個人都更好過。所以他的觀點是，雖然公平在某種意義上需要平等，但如果每個人——名副其實的每個人——都會因為不平等而比較好過，那麼就有正當理由不平等。而那就是「差異原則」。「差異原則」說，**只有**在不平等讓弱勢者盡可能好過的時候，才有正當理由不平等。這是羅爾斯對政治哲學極端獨特的貢獻。

・對最弱勢者最有利時，不平等是正當的

沃　但他不是憑空生出這些觀念的吧，是嗎？他有一種獨特的方式來達到這些結論。

伍　沒錯。你說他不是憑空生出這些觀念，而理解這一點的一種方式是，一定有人在他之前就有過這些觀念，而另一種方式則是他一定有支持這些說法的論證。在這方面，羅爾斯非常尊重政治哲學的傳統，而如果他有可能把他的任何觀念歸功於別人，他就會這麼做。從某個角度來說，他是我們許多人的對立面：他似乎並不渴望原創性，他渴望的是相反的東西。所以他設法把他的觀念算到別人身上，在「自由原則」方面，他可以做到一定程度，「機會原則」也可以，但其中一件了不起的事情是，就連羅爾斯都找不到任何人比他更早主張過「差異原則」。

說真的，的確曾經有人論證過如果不平等對弱勢者有利，是可以有正當理由的。舉例來說，這是一九四〇年代英國勞工黨政治家常講的話，他們認為如果不平等讓我們全部人都比較好過，就有正當理由。但羅爾斯補充了一個進一步的轉折，讓我們全都變得比較好過是不夠的，必須讓**最弱勢者**盡可能過得比較好。羅爾斯似乎是第一個建議這種主意的人。

・無知之幕

沃　不過他怎麼到達那個立場的？什麼樣的推論帶著他達到這個結論？

伍　喔，關於羅爾斯，極其有趣的事情是他不只有個激進的新理論，他還有個激進的新論證。羅爾斯領悟到論證支持任何政治哲學原則有多困難，不過在羅爾斯的例子裡，他使用的方法是一個假定契約，也稱為「原初立場」（Original Position）。羅爾斯的想法是，人經常對正義有不同意見，因為他們受到自身利益影響而有偏見。如果我知道我有錢，我可能會非常反對稅收制度；如果我知道我很窮，我可能會非常贊成。誰是對的，富人還是窮人？羅爾斯對此的回應是說：「嗯，咱們帶走這兩個人，然後讓我們來想像他們不知道自己是富是窮，他們能夠達成某種協議嗎？」如果你不知道你會富有還是貧窮，你會希望你的社會裡使用哪種稅收型態？如果你不知道自己會是哪種種族，你會同意你的社會裡存在種族歧視嗎？如果你不知道你會是什麼性別，你會同意性別歧視嗎？羅爾斯的基本觀念是，咱們把那些可能讓人有偏見的東西剝掉——當然，是在想像中。你必須想像自己剝除了可能導致你偏心利己的任何事情。於是羅爾斯建議，我們應該想像大家聚集在一起，不知道他們多富有、是什麼種族、是什麼性別，甚至不知道他們對於好的概念是什麼，換句話說，不知道他們在生活中喜歡什麼。然後他問道：這些人會怎麼設計社會，在這種假設契約情境裡，在他所謂的「無知之幕」（veil of ignorance）後面，大家會同意什麼樣的正義原則？

沃　所以在這個想像的例子裡，我在無知之幕後面，我不知道我在社會裡會占到什麼樣的位置：這就是羅爾斯所謂的原初立場。我必須想清楚，什麼樣的原則會在這個處境下創造出一個公平社會。這樣對嗎？

伍　對了一半，在你說到最後一點以前都是對的。你在最後說，無知之幕後面的人必須自問一個公平社會會是什麼樣，事實上，羅爾斯說無知之幕本身就確保了公平性。這些人應該問的是，以他們自私的利益來說，他們想要什麼。如果你不知道你在社會裡的角色會是什麼，你會**自私地**希望社會經過怎麼樣的設計？如果不知道你是否會是個體力勞動者，或者會成為一位城市銀行家，你會想要社會裡的城市銀行家與體力勞動者之間，有什麼樣的薪資差距？可能不是我們現在看到的那種差距。

・制度上的改變而非個人犧牲

沃 所以對於我們應該怎麼建構社會，羅爾斯達到這些激進的結論。可是這在實踐上是什麼意義？如果我們總是必須增加那些弱勢者的收入，這是否表示不能聽歌劇，或者大家不再能夠去巴哈馬度假了？

伍 喔，他訂下的原則是在一個相當抽象的高層次。這些原則是規範他所稱的社會基本結構，並不是有意用來當指導我們日常行為的原則。羅爾斯沒說你身為一個個人，有道德義務要讓弱勢者盡可能過得更好；他不是在告訴你，要把自己的錢送出去，那會由稅務系統來處理。所以對我們來說，我們在羅爾斯式的社會裡享有現在既有的所有自由。如果大家想要聽歌劇，而且準備好要為此付錢，甚至也可能用公費支出（如果大家想要投票支持這個做法），就可以有。不過羅爾斯主要想說的重點是，到最後，我們社會的制度應該要保證平等基本自由權跟公平機會，經濟系統應該被建立成只要過我們的正常生活——去上班，繳稅，照我們希望地去花自己的錢——弱勢者就會變得盡可能好過。他並不認為他在要求英雄式的自我犧牲。

・豪賭一把的可能性

沃 那是理論。現在，當然有些反駁意見可以對抗這個說法吧？舉例來說，很明顯地，我可能想要大撈一筆。我可能想要從在無知之幕後面的位置賭一把，因為進場的時候有張可能會贏的彩票，還滿好的。

伍 這可能是羅爾斯從他寫下這理論的第一天就碰到的批評。他說在無知之幕後面你應該真的非常、非常謹慎才出手，你應該設法把事情安排成讓弱勢者盡可能好過。而你可能這樣回應羅爾斯：也許這值得賭一把。也許我可以看在巨大財富的份上小賭一下，而且我這樣做不是很理性嗎？而且，效益主義批評家尤其會說：「嗯，為什麼我們不該相當大膽地賭下去？就算你知道你可能輸掉，在某些情境下賭一把不是很理性嗎？」

羅爾斯後來在他作品裡設法釐清的，是他的觀點跟效益主義觀點之間的不同。首先他問道，你準備拿來賭一把的是什麼？當然，你談到用你的錢來賭，但你會用你的自由權來賭嗎？你會用你的機會來賭嗎？羅爾斯認為拿你的自由權或機會來打賭並不理性，他說，所以自由原則跟機會原則相當能抗拒賭博論證。羅爾斯說對抗效益主義的第一個勝利，是建立自由原則跟機會原則。

他說，既然這麼做了，也許某個人會回來建議一種混合式正義原則，有自由原則跟機會原則，然後用效益主義原則來分配金錢。此時羅爾斯對此的第一個答覆是，這樣就太冒險了。如果你在原初立場，必須想到你的整個人生前景，冒大險是不理性的。為了一個彩票遊戲，拿你的生計去冒險是很荒謬的，因為你可能到頭來困在底層。但有個給羅爾斯的明顯答覆是說，嗯，咱們來排除嚴重的風險。我們來架個安全網。與其讓弱勢者盡可能好過，為什麼不同時擁有自由原則、機會原則、安全網，然後再加一點效益主義賭博。就算如此，羅爾斯還是認為在原初立場選擇差異原則會是比較理性的。一部分原因是，這可能是一個關於錢沒這麼驚人重要性的觀點，也是一個相當浪漫的社會主義觀點：一旦人得到的夠多了，他們為什麼應該奮力爭取更多？而那樣可能夠公平了，如果你確實有個很高的最低限度收入，為什麼你想要為了瘋狂大撈一筆，把一部分收入賭掉呢？所以，我認為到頭來你在無知之幕後面的選擇，會涉及個人性情的問題。支持差異原則的論證在我眼中不是完全徹底的，不過相當好了。

・自由原則先於其他

沃　就我的理解，羅爾斯讓自由權優於他所有其他原則。為何如此？

伍　你說得沒錯。自由原則對羅爾斯來說，有「字典式的優先性」，高於其他原則，至少一等到我們全都有足夠食物可吃的時候，就該如此。要論證支持這點很難，不過大家會用到的例子種類，跟像是奴隸制度的正當理由有關，或者比較近期的例子是南非種族隔離的正當性。某些種族隔離政策辯護者論證說，南非的白人統治實際上對黑人來說比較好，因為經濟繁榮方面的理由，所以黑人沒得投票比較好。這是個曾經一再被提出過的論證：如果窮人得到投票權，他們會把事情搞砸。現在，你可能從經驗立場上論證反對這一點，論證說南非的黑人會非常負責任地使用選票。不過羅爾斯的答案會是，嗯，那不是判準。如果人沒得投票，如果他們沒有得到基本的政治自由，如果他們受到歧視，那麼這就是要改變體系的足夠理由，不管對經濟繁榮程度的後果是什麼。

沃　那似乎暗示了另一個對羅爾斯的批評：是誰在那個原初位置做想像？一群在哈佛專題討論會裡的自由派哲學家嗎？我們在此討論的不是一群法西斯份子。法西斯份子會怎麼選擇？這個思想實驗的結構容許你偷渡你的偏見。

伍　喔，這是個非常重要的論點。在我看來，羅爾斯的理論基本動機，在於這個思維：無知是一種模造公正無私的方式。如果你讓人對某些特定事情無知，他們就不會做出偏心的選擇。但如同你正確地指出的，有個問題是，應該讓你一無所知的事情是什麼。你對你的種族、性別、賺錢能力一無所知，但為什麼是**那些**事情？如果讓你對於羅爾斯所謂的「你對好的概念」，你在生活中喜歡的事情一無所知，喔，你甚至不會知道你喜不喜歡自由或機會，所以你怎麼可能做任何決定？羅爾斯說的是，我們必須假定大家重視他所謂的「基本益品」（primary goods）。

這些基本益品大致上說就是自由、機會，他所謂的「自尊的社會基礎」，還有收入與財富，即金錢。而羅爾斯對此的正當性辯護是，不管你在人生中還重視什麼別的事，這些都是你會重視的事情。不管你對好的概念是什麼，不管你想從人生裡想得到什麼，自由、機會、金錢還有自尊的社會基礎，是達成人生成就的萬用手段。

沃　可是，當然了，有些人對於好有完全不同的概念。舉例來說，一位僧侶想要過一輩子冥想的性靈生活，而且一點都不關心金錢。金錢甚至不會進入他的世界。

伍　金錢甚至可能是個障礙。的確，有某些人選擇當僧侶。羅爾斯會說，他們選擇成為僧侶。他們不是被逼成為僧侶，他們做了那個決定，所以重視自由；他們重視當個僧侶的自由，也重視成為僧侶的機會。如果他們沒得到那種機會，對他們來說會是個問題。的確，他們可能不想有錢，但儘管如此，他們可能還是想要活在一個弱勢者能盡可能好過的社會裡。僧侶做良善的工作：他們想設法改善其他人的物質條件，就算整體來說他們選擇出世。所以，羅爾斯可以說這些是萬用手段。不過這裡有個殘留的疑慮。僧侶可能因為社會團結、集體觀念或者共同益處，重視某個型態的社群。機會、自由跟金錢，就沒那麼清楚是達成**共同**益處的方法了。麥可．桑德爾跟其他社群主義者提出的一種批評是，羅爾斯的理論，偏向支持自由派個人主義者對好的構想。

・對現實世界的衝擊

沃 羅爾斯的理論在學術圈裡影響巨大，但這些理論實際上有在政治上造成任何改變嗎？

伍 要在觀念與實踐上追蹤出關聯性，總是很困難。在一九八〇年代早期，在社會民主黨大會上，有個提案是要採用羅爾斯的理論作為該黨的官方哲學。因為沒有人能夠理解該理論，這個提案被否決了。不過高登・布朗（Gordon Brown）讀羅爾斯，而許多現在的工黨與保守黨政治家也都研究羅爾斯的理論，採用羅爾斯的觀念。如果你綜觀現在的公共政策，對於社會弱勢者有一份特別的關懷：失敗的社會就是讓弱勢者失望的社會，而且有一群被排除在外的人在社會上沒份。大致上在歐洲整個政治界，也許現在美國也是，雖然在過去幾十年來事情已經變得相當不一樣，對於弱勢者過得如何、還有針對處境不利者的重要社會計畫，還是有一份特別的關懷。更進一步說，在政府文職系統之中，直到相當晚近，某種型態的效益主義還是主流。政府文官對於成本效益分析非常有興趣：如果效益超過成本，他們就有興趣提倡計畫。現在還是如此，但現在有一種對於弱勢者、還有利益分配的關注了。幾年前，財政部對他們的官方指南「綠書」（the Green Book）做了些改變，引進了一個權衡系統，窮人的益處被算成比富人的益處更重要，這個改變可說是受到羅爾斯影響。

沃 所以羅爾斯可能對於真實世界的政治有些許衝擊，不過他對學院派政治哲學帶來了巨大的衝擊。我很想知道你是否可以就簡單概述這種衝擊。

伍

我們可以把政治哲學，至少在二十世紀，區分成前羅爾斯時代跟後羅爾斯時代。在彌爾跟羅爾斯之間，沒有人具備同樣的高度。你可以花一輩子當個羅爾斯學者，也有人這麼做了。在彌爾跟羅爾斯之間，鮮少有政治哲學家是你花時間研究的明智選擇。羅爾斯的作為完全改變了政治哲學的氣氛。他第一篇有實質意義的論文，是在一九五〇年代出現的。要理解這種衝擊性，看看當時還有什麼別的事發生還滿有意思。我們正沉浸於邏輯實證論的晚期餘緒，還有日常語言學派哲學之中。大多數在政治哲學中的作品，都是在假裝澄清詞彙。會有書叫做《政治字彙》，還有論文討論「統治的文法」。政治哲學非常往內聚焦又小心翼翼，在局外人看來瀕臨死亡。然後羅爾斯來了，他帶著一個理論，還有支持理論的論證。在那時候，就算是提出一個理論跟一個論證都是非常不尋常的，而且可能有一百年沒有人闡述這樣有系統又看似可信的理論了。

強納森·伍爾夫（Jonathan Wolff）是倫敦大學學院的哲學教授。他的研究範圍是應用政治哲學，而他的著作包括《政治哲學導論》（*An Introduction to Political Philosophy*）、《今日為何讀馬克思？》（*Why Read Marx Today?*）、《劣勢》（*Disadvantage*, 與艾弗那·德—沙力特〔Avner de-Shalit〕合著）、《倫理學與公共政策：一種哲學探究》（*Ethics and Public Policy: A Philosophical Inquiry*），還有《健康人權》（*The Human Right to Health*）。

· 27 ·

聊聊德希達的寬恕

羅伯特·羅蘭·史密斯 vs 沃伯頓

大衛．愛德蒙茲引言

肯定沒有一個二十世紀人物，讓哲學家如此分歧。某些英美哲學家堅持他是個騙子，聲稱他的作品是刻意寫得晦澀。在劍橋大學決定頒給他榮譽博士學位的時候，還引起軒然大波。但德希達也有無數仰慕者與門徒。德希達生於一個阿爾及利亞猶太家庭，一九四九年在他十九歲的時候搬到法國。在接下來二十年裡，他開始發展一種做哲學的新途徑：「解構」。他最出名的著作《論文字學》（*Of Grammatology*），在一九六七年出版。但在此德希達專家羅伯特．羅蘭．史密斯討論的是從他另一部作品《論世界主義與寬恕》（*On Cosmopolitanism and Forgiveness*）之中的一個主題。

奈傑爾．沃伯頓（沃） 我們要聚焦的主題是德希達的寬恕。你可以稍微說明一下德希達是什麼樣的人嗎？

羅伯特．羅蘭．史密斯（史） 德希達是個法國哲學家。他在一九三〇年生於阿爾及利亞，在二十一世紀初去世。他在身為十九歲青年男子的時候來到巴黎，就讀高等師範學院，後來在巴黎擔任一連串教職，最後在社會科學高等學院任職。

沃　他最讓人聯想到「解構」。

史　對。關於這個字眼，他有一部分是繼承自海德格。但我應該澄清德希達說的解構是指什麼。有個關於德希達的迷思是，解構是二十世紀虛無主義的一種形式，它暗示著沒有意義這種事，一切都跟文本和語言有關。對於德希達的作品內容，這種說法是一種古怪的諷刺簡化。我會形容他作品的那種版本，在美國被放進文學批評的版本，是解構主義（deconstructivism）。另一方面，我會提出我們稱為「解構」（deconstruction）的東西，這概括了更多東西，包括談語言的作品，還有談寬恕及其他事務的作品。

・寬恕不可寬恕者其實是不可能的

沃　所以德希達對於寬恕說了些什麼？

史　他的起點是，他觀察到隨著政治家排隊為以自己或其他人的名義犯下的罪行，要求寬恕，寬恕的修辭學在世界上變得更加重要。所以，他的起點是政治性的。然而他想要達到的是一種概念：寬恕不像我們可能認為的那樣直截了當，而在某種意義上，寬恕是不可能的。這樣說很古怪，因為我們天天在寬恕別人。奈傑爾，如果你要從我這裡偷錢，我可能會寬恕你，看你偷了多少，還有你多快還錢。但這不是某種讓我感覺起來像是不可能做到的事；正相反，這是我可以天天做的事情。

沃　知道這一點真好。不過寬恕看起來一點都不像是自相矛盾的。這是一個人體認到他受了冤枉，然後說：「我會既往不咎。」

史　對。在某個層次上，這看似相當直截了當。不過德希達說的是，如果我可以寬恕你偷了我十英鎊，從某個意義上說，這還相當容易。你是可以被寬恕的，德希達聞到這裡有鬼。如果有可能寬恕你，這就表示你是可以被寬恕的。所以為什麼需要我來為此事寬恕你？為什麼我會需要牽扯進寬恕行動裡？

沃　可是，有很多東西是可以吃的，雖說還沒有人去吃它們。所以說某事物是可以被寬恕的，然而還沒被寬恕，這不是很合理嗎？我看不出為什麼就因為某事物是可以被寬恕的，去寬恕某人就沒道理。

史　德希達不必然講的是在某段時間中發生的事情；他有興趣的是我們在寬恕或不寬恕其他人時應用的條件。他在說的是，我們要寬恕某人，他們一定要有可能被寬恕。但如果他們有可能被寬恕，為什麼一開始我們需要寬恕他們？他們做了的事情是事實上（*de facto*）可被寬恕的。所以，沒有任何附加在寬恕上的真正價值，是我可能給予你的。而那導致他提出這個等式的另一種寫法，也就是說，實際上只有**不可寬恕的**才真正需要寬恕。是那些極端有罪、極端可憎、極端兇殘的事情，激發了對於這種事情做點什麼的需要——道德上的需要，甚至是政治上的需要。但當然了，一旦這種需要被激發，我們無法對此做任何事，因為要寬恕不可寬恕者，從它的本質上來說就是不可能的。我們困在寬恕與寬恕之不可能性的雙重束縛之中。

・寬恕是否有層次上的區別

沃　在我看來，在寬恕種種事情這方面，有不同的難度。如果我偷了你五十便士，你會原諒我。如果我偷了你五萬英鎊，你可能會覺得比較難寬恕。如果謀殺了你的家人，那又更難寬恕了。如果我消滅了整個種族，那又更難寬恕。這些事情在原則上都是可以寬恕的，並不是不可寬恕的。

史　這是個很好的挑戰。德希達在他論《寬恕》的書裡依序讀到的其中一位哲學家，是一個叫做鍾凱列維奇（Vladimir Jankélévitch）的人，他說寬恕死在奧許維茲集中營了。從本質上來說，在大屠殺罪行被犯下之後，就不可能處於有可寬恕性的立場了。所以你所說的事情有某種程度的真實性。

德希達會有下列的反駁，實際上在你寬恕某件小事或相對嚴重的事情時，有兩種元素在其中作用。一方面，是有可能寬恕你，而我確實寬恕你，無論你偷了我的錢還是做了某種更糟的事情。但在同時，我的寬恕之舉總是必須指涉到一種無條件的無可寬恕性，否則就讓我在你面前做出的寬恕之舉變得降級、貶值了。所以，他說這不是在從A到Z的光譜問題，而是在同時喚起或召集兩種條件的問題。所以，我寬恕你，而且是有可能這樣做的，但這樣做的同時總是關照到另一種視野，也就是你可能做的任何事的無可寬恕性。

沃　如果我的理解正確，在基督教倫理中，幾乎一切都是可寬恕的。所以在此什麼是我們可能難以寬恕的？

史　德希達談到了跟基督教式寬恕的關係。他說在基督教式的寬恕中，你總是寬恕某個人，還有那個行為。一旦你寬恕那個人，你就含蓄地把一種條件加諸於他們，而這個條件是：「我會寬恕你，只要你以某種方式悔罪、改變或改邪歸正。」所以基督教思想中的傾向是把條件附加到寬恕之上，當然，是隱而不顯的，不過還是在那裡。所以，當你寬恕的時候，你只會寬恕會改變的人。反之，德希達說的是，真正的寬恕，如果那是有關於寬恕無可寬恕之人，並不會強加這個條件。真正的寬恕說的是：「我寬恕你，就算你犯下這個恐怖的罪過，而且你可能繼續做這種恐怖的事，未來還可能會一再重犯。」

沃　我不認為那是真的，因為有很多人說他們寬恕死者。我寬恕我父親對我很糟糕。但他現在死了，他不會改變的。

史　他不會變，但你會做的是從內在轉變你父親在你心中的形象，變成某個現在可以寬恕的人。所以，你在他身上造就了一種變形，讓他在你心目中變得可以寬恕，所以你已經微妙地設法達成一種對你父親的基督教化（christianization）——我使用這個詞的時候，用的是小寫c[19]，好讓你們兩個人可以辦得到這件事：跨越生死界限，達成協議。

・寬恕與不可寬恕是並行的

沃 所以咱們設法釐清德希達的悖論。德希達是在說，如果你寬恕某件內在來說可以寬恕的事情，那不是一件偉大的成就。偉大的成就是去寬恕從定義上來說無可寬恕之事，但那是不可能的。所以，唯一值得寬恕之事，就是你不能寬恕的那件事。

史 正確。德希達有個哲學論點，被他拿來跟這個洞見配成一組。實際的論點是，寬恕跟不可寬恕性是並行的。哲學性的論點是，寬恕要求滿足兩種矛盾的條件。一方面，行為是不可寬恕的，但另一方面，它又必須是可以被寬恕的，寬恕才能夠發生。

沃 所以想來一般的寬恕行動變得比先前來得沒價值了。一旦你讀過德希達，你就會說：「我被寬恕了，但那對寬恕者來說很容易。」

19 正常使用這個英文詞彙的時候，第一個字母會大寫。

史　這又是個很好的挑戰，而我認為對此有兩種回應。第一個是，有個在你良心上的召喚，是德希達想要掀起的。在你寬恕某人的時候，要更有自我意識地想到這對你來說是困難還是輕鬆的行為。如果這很輕鬆，那你會尋求從中取得某種情緒或政治資本。所以，這是第一個相當實際的論點。

第二個論點是，就算在相對瑣碎的寬恕例子裡，你可能意外把一杯水潑在我身上，我寬恕了你，寬恕性總是以某種微妙或極微小的方式，同時喚起更大範圍的不可寬恕性。所以寬恕性從本質來說，必須發生得像是不可寬恕者在同時也在場一樣。

沃　德希達是英美哲學家心目中的嚇人妖怪，在分析哲學傳統中尤其如此。他們對他充滿憤怒，設法阻止他得到劍橋的榮譽學位，還寫些辱罵他的話。為什麼他激起哲學家之間這麼多的不滿？

史　這是個好問題。他在那個傳統裡不是最受歡迎的人物。順便一提，在相當長的論戰之後，他終於得到劍橋的榮譽學位（在一九九二年，但那是文學方面的榮譽學位，而不是哲學上的）。

為什麼會有這種敵意？我不認為是因為他那一方的惡意，不過他確實藉著暴露他眼中哲學傳統裡的幾項偏見，試著要從哲學傳統腳下抽掉地毯。舉例來說，有些偏見是把理性當成某種本質上無矛盾之物。為什麼應該是這樣？為什麼理性應該不會傾向於有自身特殊毛病、偏見之類的東西？所以，他的主要關懷之一，就是把理性的歷史想成是這樣的，而且去證明，就像任何其他事物的歷史一樣，理性會受制於滲透、受制於個人偏好、受制於政治等。所以，沒有中性的理性史，沒有中性的理性。而他談到不同的理性，舉例來說，精神分析理性，還有所謂的邏輯理性。我想這個哲學計畫更重視從正確角度看待種種事情，而不是瓦解事物本身。

沃　從你形容德希達的方式，他聽起來非常像是在蘇格拉底式的傳統中。蘇格拉底的傳統是要扮演牛虻，透過問別人不想被問、或者不能回答的問題來惹毛別人……

史　這個類比會讓德希達很高興。在他一本談蘇格拉底與佛洛伊德的著作中，他談到這種從後面冒出來，在人最沒預料到的時候現身嚇他們一跳的活動。所以，你做了個相當好的類比，他在那種意義上就是蘇格拉底式的。主要的差別是，他支持的價值不必然是蘇格拉底式的。

沃　你個人認識德希達。他從英美哲學家那裡遭遇的反對，有在任何方面影響到他嗎？

史　有的。不過運作在其中的有對等跟相反的力量。美國西岸或東岸每出現一位充滿敵意的分析哲學家，在中歐某處就至少有一位狂熱份子。

沃　很多德希達的作品極端難以理解，而且至少對局外人而言，是相當枯燥的。他本人也像這樣嗎？

史　首先，德希達的作品範圍龐大，其中某一些相當帶有戲耍性質。我不知道在全集版出來的時候會有多少卷，不過我想像會有大概五十或六十來本，而在那裡面有個巨大的光譜，從比較晦澀的延伸到比較透明澄澈的。他為人如何？極端有魅力，一個親切機智的男人。我記得到希斯羅機場接他的時候，當時他來這裡的牛津特赦講座談人權。身為法國人，他想坐進駕駛座[20]，我則設法讓他換到另一邊座位去，然後他說：「這很典型啦，我執迷於右邊（rights／人權）。」他用英語脫口而出，而且非常機智。

沃　所以，你認為他會寬恕英美哲學家嗎？

史　我認為那是不可能的。

20　英國跟法國駕駛座位置剛好相反。

羅伯特・羅蘭・史密斯（Robert Rowland Smith）是作家、記者、廣播主持人兼顧問。他的著作包括《德希達與自傳》（*Derrida and Autobiography*）、《與蘇格拉底共進早餐》（*Breakfast with Socrates*），以及《死亡趨力》（*Death-Drive*）。

進階閱讀

1　蘇格拉底

柏拉圖，《申辯篇》（*Apology*）。

柏拉圖，《尤西弗羅篇》（*Euthyphro*）

柏拉圖，《卡米德斯篇》（*Charmides*）

這些對話錄可以在此書中找到：Plato, *Essential Dialogues of Plato*, ed. Pedro de Blas, trans. Benjamin Jowett (New York: Barnes & Noble Classics, 2005)。

2　柏拉圖

Plato, *Symposium*, ed. C. J. Rowe (Warminster: Aris and Phillips Classical Texts, 1998). 包含希臘原文及英譯文，還有詳細的註釋。

J. Lesher, D. Nails, and F. Sheffield eds., *Plato's Symposium: Issues in Interpretation and Reception* (Cambridge, Mass.: Center for Hellenic Studies, Harvard University Press, 2006). 這是一本文選。

Gerald A. Press ed., *The Continuum Companion to Plato* (New York: Continuum, 2012).

3　亞里斯多德

Aristotle, *Nicomachean Ethics*, trans. W. D. Ross, ed. L. Brown (Oxford: Oxford World's Classics, Oxford

University Press, 2009). 尤其適合初學者。

S. W. Broadie, *Ethics with Aristotle* (Oxford: Oxford University Press, 1991). 給進階程度的學生。

4　湯瑪斯・阿奎那

Anthony Kenny, *A New History of Philosophy* (Oxford: Oxford University Press, 2010).

Aquinas, *Selected Philosophical Writings*, ed. & trans. Timothy McDermott (Oxford: Oxford World's Classics, Oxford University Press, 1993).

5　蒙田

Michel de Montaigne, *The Complete Works*, trans. Donald Frame (New York/London: Everyman's Library, 2005).

Terence Cave, *How to Read Montaigne* (London: Granta Books, 2007).

Sarah Bakewell, *How to Live: A Life of Montaigne in One Question and Twenty Attempts at an Answer* (London: Vintage/Other Press, 2011).

6　馬基維利

Niccoló Machiavelli, *The Prince*, trans. & ed. Russell Price and Quentin Skinner (Cambridge: Cambridge Texts in the History of Political Thought, Cambridge University Press, 1988).

Felix Gilbert, *Machiavelli and Guicciardini: Politics and History in Sixteenth-Century Italy* (revised edn, New York: W. W. Norton and Co., 1984).

J. G. A. Pocock, *The Machiavellian Moment: Florentine Political Thought and the Atlantic Republican Tradition* (revised edn, Princeton, New Jersey: Princeton University Press, 2003).

Quentin Skinner, *Machiavelli: A Very Short Introduction* (Oxford: Oxford University Press, 2000).

7 笛卡兒

René Descartes, *Meditations and Other Metaphysical Writings*, trans. Desmond M. Clarke (London: Penguin Classics, 1998).

A. C. Grayling, *René Descartes: The Life and Times of a Genius* (London: Free Press, 2006).

8 史賓諾莎

The Collected Works of Spinoza, vol. 1, ed. & trans. Edwin Curley (Princeton, New Jersey: Princeton University Press, 1985).

Michael Della Rocca, *Spinoza* (London/New York: Routledge, 2008).

Genevieve Lloyd and Moira Gatens, *Collective Imaginings. Spinoza Past and Present* (London/New York: Routledge, 1989).

Susan James, *Spinoza on Philosophy, Religion and Politics: The Theologico-Political Treatise* (Oxford: Oxford University Press, 2012).

9 洛克

John Dunn, *Locke: A Very Short Introduction* (Oxford: Oxford University Press, 2003).

John Marshall, *John Locke, Toleration and Early Enlightenment Culture* (Cambridge: Cambridge University Press, 2006).

John Locke, *Letter on Toleration*, ed. Mark Goldie (Indianapolis, Ind.: Liberty Press, 2010).

10 巴克萊

George Berkeley, *A Treatise Concerning the Principles of Human Knowledge* (1734), reprinted in M. R. Ayers ed., *Berkeley: Philosophical Works* (London: Everyman, 1975), pp. 62-127.

John Campbell and Quassim Cassam, *Berkeley's Puzzle* (forthcoming).

11 大衛・休謨

David Hume, *Enquiry Concerning Human Understanding*, edited by Peter Millican (Oxford: Oxford World's Classics, 2007)—includes also 'Of the Immorality of the Soul'.

David Hume, *Dialogues concerning Natural Religion* and *The Natural History of Religion*, edited by J. C. A Gaskin (Oxford: Oxford World's Classics, 1998).

Simon Blackburn, *How to Read Hume* (London: Granta, 2008).

大衛・休謨的所有哲學出版品都可見於 http://www.davidhume.org，其中還有各種資源，包括 *Dialogues* 的手寫原稿，以及談休謨及其作品的許多論文（從導論性質到專家級皆有）。

12 亞當・斯密

Adam Smith, *The Theory of Moral Sentiments* (London: Penguin Classics, 2010).

James Buchan, *Adam Smith and the Pursuit of Perfect Liberty* (London: Profile, 2006).

Fonna Forman-Barzilai, *Adam Smith and the Circles of Sympathy* (Cambridge: Cambridge University Press, 2010).

13 盧梭

Joshua Cohen, *Rousseau: A Free Community of Equals* (Oxford: Oxford University Press, 2010).

Frederick Neuhouser, *Rousseau's Theodicy of Self-Love: Evil, Rationality, and the Drive for Recognition* (Oxford: Oxford University Press, 2008).

Jean-Jacques Rousseau, *'The Discourses' and Other Early Political Writings*, ed. Victor Gourevitch (Cambridge: Cambridge Texts in the History of Political Thought, Cambridge University Press, 1997).

14 艾德蒙・伯克

Richard Bourke, 'Edmund Burke and the Politics of Conquest', 4(3) *Modern Intellectual History* (2007), pp. 403-432.

Iain Hampsher-Monk, 'Edmund Burke', in Iain Hampsher-Monk, *Modern Political Thought: Major Political Thinkers from Hobbes to Marx* (New York: Wiley-Blackwell, 1992).

F. P. Lock, *Edmund Burke*, 2 vols (Oxford: Oxford University Press, 1998-2006).

J. G. A. Pocock, 'The Political Economy of Burke's Analysis of the Revolution', in J. G. A. Pocock. *Virtue, Commerce and History: Essays on Political Thought and History, Chiefly in the Eighteenth Century* (Cambridge: Cambridge University Press, 1985).

15 康德

Immanuel Kant, Prolegomena to Any Future Metaphysics, trans. L. W. Beck (Indianapolis: The Bobbs-Merrill Co. 1950).

Sebastian Gardner, *Kant and the Critique of Pure Reason* (London: Routledge, 1999).

Frederick Copleston, *A History of Philosophy*, Vol. 6, Pt II (New York: Doubleday, 1960).

16 黑格爾

Stephen Houlgate (ed.), *The Hegel Reader* (Oxford: Blackwell, 1989).

Stephen Houlgate, *An Introduction to Hegel* (Oxford: Blackwell, 2005).

Robert Stern, *Hegel and the 'Phenomenology of Spirit'* (London: Routledge, 2002).

17 彌爾

William Stafford, *John Stuart Mill* (New York: Macmillan, 1998).

Richard Reeves, *John Stuart Mill: Victorian Firebrand* (London: Atlantic Books, 2008).

John Stuart Mill, *On Liberty and Other Essays* (Oxford: Oxford World's Classics, Oxford University Press, 2008).

18 齊克果

Søren Kierkegaard, *Fear and Trembling*, eds C. Stephen Evans and Sylvia Walsh (Cambridge: Cambridge University Press, 2006).

John Lippitt, *Routledge Philosophy Guidebook to Kierkegaard and Fear and Trembling* (London/New York: Routledge, 2003).

Clare Carlisle, *Kierkegaard's Fear and Trembling* (New York: Continuum, 2010).

19 尼采

Daniel Came ed., *Nietzsche on Art and Life* (Oxford: Oxford University Press, 2012).

Aaron Ridley, *Nietzsche on Art* (London/New York: Routledge, 2007).

Julian Young, *Nietzsche's Philosophy of Art* (Cambridge: Cambridge University Press, 1992).

20 亨利・西吉威克

Henry Sidgwick, *The Methods of Ethics*. 7th edn. 線上免費使用：http://www.laits.utexas.edu/poltheory/sidgwick/me/

Mariko Nakano-Okuno, *Sidgwick and Contemporary Utilitarianism* (New York: Palgrave Macmillan, 2011).

David Phillips, *Sidgwickian Ethics* (Oxford: Oxford University Press, 2011).

21 美國實用主義者

Robert Talisse and Scott Aikin eds., *The Pragmatism Reader* (Princeton, New Jersey: Princeton University Press, 2011).

Robert Talisse and Scott Aikin, *Pragmatism: A Guide for the Perplexed* (New York: Continuum, 2008).
Cheryl Misak, *The American Pragmatists* (forthcoming, Oxford: Oxford University Press, 2013).

22 維根斯坦

Ludwig Wittgenstein, *Philosophical Investigations* (Oxford: Blackwell, 1953).
Malcolm Budd, *Wittgenstein's Philosophy of Psychology* (London: Routledge, 1991).
David Pears, *The False Prison: A Study in the Development of Wittgenstein's Philosophy*, Vol. 2 (Oxford: Oxford University Press, 1988).

23 法蘭克・拉姆齊

Jérôme Dokic and Pascal Engel, *Frank Ramsey: Truth and Success* (London/New York: Routledge, 2002).
F. R. Ramsey, *Philosophical Papers*, ed. D. H. Mellor (Cambridge: Cambridge University Press, 1990).

24 沙特

Mary Warnock, *The Philosophy of Sartre* (London: Hutchinson, 1965).
Simone de Beauvoir, *The Prime of Life* (London: Penguin, 1965).
Andrew Dobson, *Jean-Paul Sartre and the Politics of Reason* (Cambridge: Cambridge University Press, 2009).

25 海耶克

F. A. Hayek, *The Constitution of Liberty* (Chicago: University of Chicago Press, 1960).

Chandran Kukathas, *Hayek and Modern Liberalism* (Oxford: Oxford University Press, 1989).

Edward Feser ed., *The Cambridge Companion to Hayek* (Cambridge: Cambridge University Press, 2006).

26 羅爾斯

John Rawls, *A Theory of Justice, revised edition* (Cambridge, MA: Harvard University Press, 1999).

Norman Daniels (ed.), *Reading Rawls* (California: Stanford University Press, 1989).

Samuel Freeman, *John Rawls* (London: Routledge, 2007).

27 德希達

Jacques Derrida, *Points...: Interviews, 1974-1994*, ed. Elisabath Weber, trans. Peggy Kamuf et al. (Stanford, Calif.: Stanford University Press, 1995).

Jacques Derrida, *Cosmopolitanism and Forgiveness*, trans. Mark Dooley and Michael Hughes (London/New York: Routledge, 2001).

推特比賽「用最多一百四十字來定義哲學」優勝作品

大衛・愛德蒙茲與奈傑爾・沃伯頓給大家的訊息：

謝謝所有參加比賽的人。我們收到大約八百條推文，水準高得不可思議，把這些推文篩選到只剩十個很困難。這些推文很有見地，充滿詩意，其中一些也非常有趣。我們很感激傑出的評審小組，Miranda Fricker、Tim Crane、Jo Wolff與Barry Smith。同時恭喜我們的優勝者。

第一名

@Matt0wen：哲學是一大堆鎖，還有偶爾鍍了金的鑰匙。

第二到十名

@twitkarl7777：哲學是讓複雜事情變簡單的一種方式。也讓簡單的事變複雜。

@timjay：用一種不太合用的語言，盡量做最多的事。

@GlynREvans：哲學就是用找出詢問世界的正確問題，來愛這個世界。

@Mark_A_Hooper：哲學是尋求真理。或者（在失敗以後）尋求一致。或者（在失敗以後）尋求清晰。

@DanzieD：哲學仍然在問你孩提時代開始問的那些問題。

@nialv：哲學是辛苦掙得的不確定性。

@JoMarchant：哲學是……爬到一個真的真的真的很高的高塔頂端。然後抬頭往上看。

@adamjforster：哲學是嘗試跳出框架思考，同時你被鐐銬鎖在裡面。

@TomChatfield：哲學是把直覺系統性地轉變成懷疑。

一口哲學 Philosophy bites back

27 場當代哲學家獻給愛智饕客的絕妙 TALK
限時 15 分鐘暢談哲學大師的心靈之旅

作　　者　奈傑爾・沃伯頓（Nigel Warburton）、
　　　　　大衛・愛德蒙茲（David Edmonds）
譯　　者　吳妍儀
插　　畫　傑佛瑞・湯普遜（Jeffrey Thompson）
封面設計　郭彥宏
版面構成　高巧怡
行銷統籌　駱漢琦
行銷企劃　林芳如、王淳眉
業務統籌　郭其彬
業務發行　邱紹溢
責任編輯　劉文琪
副總編輯　何維民
總 編 輯　李亞南

國家圖書館出版品預行編目 (CIP) 資料

一口哲學：27 場當代哲學家獻給愛智饕客的絕妙 TALK，限時 15 分鐘暢談哲學大師的心靈之旅 / 奈傑爾・沃伯頓 (Nigel Warburton), 大衛・愛德蒙茲 (David Edmonds) 著 ; 吳妍儀譯 . -- 初版 . -- 臺北市 : 漫遊者文化出版 : 大雁文化發行 , 2017.08
面； 公分
譯自 : Philosophy bites back
ISBN 978-986-489-177-1(平裝)
1. 哲學
100　　106012557

發 行 人　蘇拾平
出　　版　漫遊者文化事業股份有限公司
地　　址　10544 台北市松山區復興北路三三一號四樓
電　　話　（02）27152022
傳　　真　（02）27152021
讀者服務信箱 service@azothbooks.com
漫遊者臉書 http://www.facebook.com/azothbooks.read
劃撥帳號　50022001
戶　　名　漫遊者文化事業股份有限公司
發　　行　大雁文化事業股份有限公司
地　　址　台北市 105 松山區復興北路 333 號 11 樓之 4

初版一刷　二〇一七年八月
I S B N　978-986-489-177-1
定　　價　台幣三八〇元